站在人性的角度研究管理

站在用户的角度设计营销

站在实战的角度谋划创业

创业者说

○郑锋　著

中国财富出版社

图书在版编目（CIP）数据

创业者说／郑锋著．—北京：中国财富出版社，2019.4（2021.3 重印）
ISBN 978－7－5047－6879－7

Ⅰ．①创…　Ⅱ．①郑…　Ⅲ．①企业管理－通俗读物　Ⅳ．①F272－49

中国版本图书馆 CIP 数据核字（2019）第 037866 号

策划编辑 谢晓绚　　**责任编辑** 张冬梅　王　君
责任印制 梁　凡　　**责任校对** 孙会香　卓闪闪　　**责任发行** 董　倩

出版发行 中国财富出版社
社　　址 北京市丰台区南四环西路 188 号 5 区 20 楼　　**邮政编码** 100070
电　　话 010－52227588 转 2098（发行部）　010－52227588 转 321（总编室）
010－52227588 转 100（读者服务部）　010－52227588 转 305（质检部）
网　　址 http://www.cfpress.com.cn
经　　销 新华书店
印　　刷 天津市仁浩印刷有限公司
书　　号 ISBN 978－7－5047－6879－7/F·3005
开　　本 880mm×1230mm　1/32　　**版　　次** 2019 年 5 月第 1 版
印　　张 7.25　　**印　　次** 2021 年 3 月第 3 次印刷
字　　数 132 千字　　**定　　价** 35.00 元

郑锋　知名管理学者、营销实践者、经管作家。

1986年参加工作，在医院扛过氧气瓶，当过车间工人，做过商业职员，多年从事媒体经营管理工作，先后获得国家及省市级奖项60余个。19岁曾出版诗文集《心语》。

近十年来，他专注研究中小企业管理与营销创新，走访调研了数千家企业，指导了上百家企业的营销策划实战。

2006年，他写了一篇博文《女人成就男人》，后来于全网爆红，引发热议。2011年，他因为这篇约500字的短文，在北京和上海打起了博客维权官司，成为轰动一时的网络著作权维权典型案例，被国内数百家媒体专访、报道。

2014 年，他出版了《广告其实是一种诉说》《购买全程》等著作。在《购买全程》一书中，他首次提出了“购买七单元”营销理论，该理论获得了业界的高度关注。同年 12 月，他在山东济南宣布启动“书香齐鲁公益赠书”行动，向全国 100 所高校图书馆捐赠自己的著作。

2015 年，他受邀到政府部门、企业、高校举办“双创”系列主题讲座数十场。同年 11 月，他独自一人 3 天徒步 25 万步，纵穿齐鲁，宣讲创业创新。同年，他入选由中共山东省委宣传部、中共山东省委组织部、山东省财政厅、山东省人力资源和社会保障厅组织实施的“齐鲁文化之星”。

2017 年，他的著作《创富有道》《融合——看正德康城三产如何破界成新》由中国财富出版社出版。《融合——看正德康城三产如何破界成新》一书，首次公开并全面解析“农业生产基地 + 中央厨房 + 校餐”的实践模式，为探索乡村振兴和农村一二三产业融合提供了基层案例与产业思考。

他还通过互联网自媒体及短视频持续输出原创内容。迄今为止，包括出版物、自媒体在内，他以创业、创新、管理、营销等为主题，累计创作数百万字。

郑锋出品公众号

郑锋创业者说抖音号

前　言

这个世界正在发生改变，每一位创业者实质上都成了积极的参与者。在梦想的牵引下，在竞争的压力中，创业者们在产品服务、商业模式、组织管理等多个层面进行了创新实践，从而推动了商业生态的重构。而商业的变革，也无形中推动了整个社会的发展演变。

我喜欢一切与创新有关的东西，沉浸于对企业行为和消费者心理的研究中。我的专家公益工作室就在一个商业综合体附近。这里业态丰富，超市、餐饮、家居建材、家电、影院、儿童娱教等一应俱全；商位两侧的写字楼里，则开满了与互联网、大数据、文化创意、产品研发、新型服务有关的创业公司。

这几百家中小微企业与我发生着种种关联。作为一名管理与营销研究者，我与这些企业的成员近在咫尺。这让我有机会能够更好地、近距离地观察他们的行动，并参与他们的活动当中。他们会参加我的公益课，或者主题沙龙；我的身影也会出现在他们的办公室、营业场所甚至生产现场。

不仅是这个商业区的创业者，几乎每天晚上或者周末的一整天，一波又一波本地的企业人士来这里喝茶聊天。当然，其间还有来自全国各地的专家学者和企业家到访。正因为这样，这间小小的工作室，似乎成了一个创业创新的社群平台，各种信息、资源、创业思想在这里交汇，发生着微妙的“化学反应”：一批批新项目在这里被反复推演而后落地，一些企业人士在这里相遇而后牵手合作，跨界碰撞带来的启发擦出了创意火花。我的一位学生说：“这里弥漫着一种让人兴奋的创新味道。”

然而，我深知创业创新之途并非都是鲜花满地，更多的是荆棘丛生，所以有时候需要用仪式感来见证经历。我特意准备了一本厚厚的本子，在扉页上写下了“创业者说”。遇到一些优秀的创业者，我会邀请他们把当时的想法，用简短的文字写在上面，并庄重地签下自己的名字、日期。在这本本子上留下墨迹的人，几年后也许会带着他们的公司崛起、走向辉煌，也可能在短短的时间里失败、陷入困境。但无论如何，这一做法一定能够为他们的创业梦想留下一纸印记，或能够激励他们勇猛向前。我对他们有个承诺，每年年底，邀请他们参加郑锋书友会年会，并且在那个时刻检查他们梦想的进度。

这本书汇集了近年来我和创业者、经营管理者们一起交流的感悟，涵盖了创业、创新、管理、营销等方面的内容，以及我对消费者的研究。这本书里没有长篇大论，都是一些点滴思考。我给这本书也取名为“创业者说”。

熟悉我的人对我的评价是“爱折腾”。我学历不高，喜欢运动和读书，当过车间工人，做过商业职员，从事过媒体经营管理工作。目前专注于创业创新研究。写书、讲学、做辅导，忙得不亦乐乎。我理解，折腾其实是一种有别于常人的生活方式，有梦想，不安分，敢于行动。

最后送给各位读者朋友一句话，那是我 3 天独自徒步 25 万步之后的感悟：人生百般磨砺，必是一种修行；心灵穿越时空，才能真正看见。

与诸君共勉！

2018 年 12 月

目　录

一

感知趋势，洞见未来

未来的美好与不确定性交织在一起，展现出极具变化又充满机会的一个新时代

1. 创业者并不只是大型公司创立者

在权威媒体报道、互联网信息呈现以及商学院的课堂上，讲到创业创新的案例时，提到最多的其实也就是那几家企业、那几位影响力巨大的创始人。他们被称为创业者的典范。

然而，我们需要重新厘清“创业者”这个概念。因为受聚焦度、关注度的影响，在大众的普遍认知中，少数知名创业家成为当代创业者的代名词，因而使人们忽视了这个群体中占绝大多数的中小微公司创办者。

一提到创业者，通常人们马上会联想到互联网、新科技、估值、风投、资本、IPO（首次公开募股）等。而事实上，我一直认为这是对“创业者”三个字的误读。2017年年底的数据显示，中国A股上市公司约有3500家，与凤毛麟角的上市公司相比，中国大陆实体注册企业数量为2900多万家，其中95%以上的都是中小企业。

在欧美学术界，创业者被定义为“组织、管理生意或企业并承担其风险的人”。我个人对此表示认同，创业者实质上没有大小之分。无论你创办的公司有多少人、营收规模有多大，都不能改变创业者内在的含义。当然，他们在创办这些小型企业的过程中，需要不断地思考、实践，具有较强的创新能力才能与创业者的称谓相匹配。

有一个说法是：中国的中小企业具有“五六七八九”的典型特征，即贡献了50%以上的税收、60%以上的GDP（国内生产总值）、70%以上的技术创新，解决了80%以上的城镇劳动就业问题，占全部企业数量的90%以上。从这个数据中可以看出，中小企业对于经济发展、增强创新活力、提供就业岗位，甚至是对于时代进步所作的巨大贡献。

相对来看，在现实中大部分中小企业缺资金、缺人才、缺经验、缺先进管理方式，面临着区域内同级别企业的竞争，还面临着行业巨头触角延伸的挤压，这个群体更需要关注、支持和帮扶。笔者当年在做专业学术定位的时候，就坚定地聚焦于这个群体，直至今日初心不改，希望能为中国的中小企业的发展尽微薄之力；同时也期待有爱心、有实战经验的企业家、专家学者关注这个群体。

2. 人们为何如此不安

科技可以迅速地、大范围地改变人们的生活方式，让每个个体在不知不觉中成为“俘虏”。而这背后，却是物质对精神干预的结果。

可以断言：现在几乎每个成年人睡觉的时候，手机一定被放在触手可及的地方；早晨醒来，坐在马桶上手里一定拿着手机。外出的时候，最重要的物品是手机和充电器。

几年前，一位互联网研究者曾经预言，手机将成为人类的“外置器官”；今天，这个预言已经应验了。

在健身房的跑步机上，很多人一边运动，一边观看手机视频，或者发微信。此刻，他们的身体在机械地重复着动作，他们的精神却系在小小的屏幕上。

读书是一件很安静的事，阅读者深入其中，甚至需要融入书中的场景。然而，隔一会儿，放在旁边的手机便会响起提示音。阅读者禁不住这声音的“勾引”，时而读书，时而拿起手机来看。读书、看手机，这两件事不断地交替着。在交替的过程中，深阅读变成了浅阅读。

深夜，很多人失眠，却不知道究竟是因为什么，躺在床上，翻来覆去，毫无睡意。晚睡的人越来越多，因为他们的大脑皮质还沉浸在移动端内容刺激所产生的兴奋状态中。

一位企业老总对我说：“刚来三个月的主管又辞职了。”现在，员工的流动性非常大：今天还表现很好、信誓旦旦，明天就莫名其妙地挥手告别。很多企业都有这种现象发生。看来，这已经成为常态。

我最近一直在思考这个问题：是什么让人们如此不安？

有人说，是手机。有人说，是微信。这样说，是不是还有百度、今日头条、淘宝网、京东商城、当当、微博、快手、抖音……也许这些不无道理，当我们打开手机时，各种应用软件都在向我们“招手”，海量的信息便如潮水般涌入我们脑海里。程序越多，信息量越大，我们反而变得越“饥渴”。我们本来是要搜索今天的天气，可是网页提示我们有“大事发生”，于是我们被“劫持”，被带入没完没了的信息沼泽。

这些外在的碎片化信息和参与度极高的网络娱乐，是极大的诱因，让我们处在一个充满诱惑、极度浮躁的空间里。很多人精力分散，迷失在途。我们内心发生了怎样的变化？我们变得更加冒险、不切实际，追求一夜暴富、一瞬成名。看看，我们身边有那么多人被并不怎么高明的骗术骗了钱财，有那么多人被很容易识破的传销带入歧途，有那么多人因为一次次的非分想法而坠入深渊。

这是一种大众化浮躁：不安静、不安心、不专心、不确定。表现在职场上，是要小聪明，口是心非，不能踏实做事；这山望着那山高，刚入职就开始悄悄寻找更好的机会，成为连续跳槽者。表现在学习上，是一知半解，不能深入研究，照搬、抄袭，没有自己的理解，没有自己的思想。表现在生活中，是没有计划，缺乏信任，没有积极和阳光的生活姿态。

从满是诱惑的世界，回到自我原点，是需要一些取舍的。只有回到原点，我们才能清晰地知道自己是谁、从哪里来、要到哪里去，而不至于走着走着就忘了来时的路。在某一时间，去做一件事；在某一阶段，围绕一个目标去做事！专注执着、心手相应、身心合一，是提高绩效、做出成果、抵达目的的必然选择。

诱惑越多，越需要自律。能在这种浮躁中沉静下来，在专注中找到快乐，或许才能收获成功。无论虚拟世界多么喧嚣和奢华，我们都得在现实中踏实走路，有目标、有事做、吃得好、睡得香、不亏欠，便是最好的人生。

3. 互联网的爱与恨

互联网是一项伟大的发明，它让世界变得越来越小。无论你身处哪个角落，由此及彼已经不再是问题。人们通过互联网购物、交友、娱乐、获取信息，并且这种过程便捷而富有体验感。20 年前的中国人是无法想象到今天这种情景的，那时候相亲靠介绍、购物到商店、买票去车站。最初的 286 电脑也只是一种可以打字的工具而已。人们未曾想到，一根传输线便连接了整个世界，现在通过无线信号都可以完成上网连接。特别是社交媒体的出现，改变了人们之间的距离，并为陌生人之间的交往和信息传递提供了更多的机会，使过去人与人关联的种种不可能成为现实。换一种角度看，其实互联网让每个人的世界变大了。

短短20多年，无比庞大而又复杂的互联网生态已经形成。它以新的思维方式摧毁旧的生活方式，构建出全新的管理模式、商业模式、消费方式。与其说互联网发展顺应了时代，倒不如说是顺应了人性。为什么这么说？例如网购，暂且不说商品的丰富性、价格的优势，单说购物方式这一点，就契合了人的懒惰——足不出户，轻点鼠标，便可完成购物全程。再如社交媒体的点赞、互动、分享，契合了普通人的存在感需求——每个人都需要被认同，这更多的是一种精神需求。在社交媒体上，这种需求被放大和实现，并通过人们的网络语言、图片、视频、互动形成了多维的网络虚拟人格。看上去这是多么美妙的一件事情。

事实上，在这美妙的背后，它也带来了诸多的隐患，使人与人之间更疏远。人们各自沉浸于手机中的自我，忽略了生活中的一些看似平凡的美好，比如，和家人一起聊天、逛公园，一起用餐时的语言和目光交流。电子商务普及之前，人们在傍晚和家人一起去逛超市、商店，除了必要的购物外，这也是一种休闲方式，是家庭生活外延的一部分。再来看看人们的阅读，当信息被碎片化后，人们在盲从中延展了广度，却失去了深度。所以，人们看上去什么都懂，其实什么也说不清。

当然，所有的事物都有好的一面，同时也有坏的一面，就像中国传统文化里的周易所示，“阴在阳之内，不在阳之对”。互联网的确给社会带来了惊人的进步，特别是基于互联网与现代技术的融合发展，一定会推动社会向前发展。我们只是希望通过我们的反思，让它给我们的生活带来更多阳光、水分，以及绵长的温暖。

4. 寻找答案就像沙里淘金

成长其实就是不断遇到困惑、不断寻找答案的过程。过去，我们寻找答案的路径相对比较简单，读书学习、查阅资料，与相关人员进行讨论，或者找权威的专业人士请教答案。我们在探求答案的过程中，修炼提升，形成自我思考。

而现在不同了，寻找答案的过程看上去似乎更加便捷。我们只需要动动手指，几乎能在互联网上找到所有问题的一堆答案。它们也许在某篇自媒体文章中，也许在某个问答平台上，或者在某机构官网上的信息或说明中。强大的搜索引擎通常把关于某个问题的相关信息，以差异化的形式呈现给受众。

然而，这却给我们带来了新的苦恼：答案甄别选择的焦虑——如此多的答案，哪些是正确的、有价值的？哪些是错误的、有偏见的？因为互联网上的答案是聚合的信息，是由无数网友或机构撰写提供的，所以互联网很难给我们提供最终答案。

这就要考验我们的判断能力，考验我们是否能基于专业知识进行独立思考。事实上，在浏览各平台自媒体文章的时候，若是用专业眼光去看，我们会发现，很多内容其实是劣质的，甚至存在着常识性错误，这极易误导受众。

除了内容、观点和引证事实方面的错误外，大量的文章中还存在着文法错误，如病句、错别字、不规范的标点符号等，这些中小学生都能避免的错误，很多所谓的自媒体写手、内容生产者、答案提供者却没有避免。

还有相当多的信息，企业或机构“预埋”了答案。这是一种流行的软广告，让受众在不知不觉中接收信息呈现的内容，从而左右受众的购买选择。

正确答案的数量是不可变的。但是沙子越来越多，这就显得金子越来越少。

人的本性是懒惰的，便捷的操作淹没了求真的欲念。可怕的是，这种寻找答案的方法几乎已经成为所有人的习惯。真正的专业知识被稀释了，使求真变得越发艰难和无助。我们无论通过何种渠道获知信息、寻找答案，一定不能离开独立思考和判断。

5. 在真正的创业者眼里，所有的平台都是工具

在互联网时代，特别是在移动互联网成为受众重要生活方式的今天，“时尚”的生命周期越来越短。例如，一件华丽的

服饰，还没穿过一个季节，就成了旧款；一个强大的平台创造出某种模式时，兴奋的人们蜂拥而至，之后该平台的这一模式便被新平台的模式取代。互联网涵盖内容广泛，类目繁多，电商、搜索、支付、游戏、社交等，对于这些我们无法逐一品评，今天就让我们从社交这条线索出发，粗线条地回顾一下其演变过程，和大家一起探究纷繁变化给中小创业者带来的机会。

社交是指以传递信息、交流思想为特征的人际交往和社会活动。在接入互联网之前，传统的媒介是个人，方式多为引荐式，比如参加酒宴、定向拜访，如果有幸参加行业组织活动、会议、主题沙龙等，可以在一定程度上拓展人际圈子。但总体受到所在地域、社会阶层、信息传递方式等多方面的限制，很难获得丰富的社交成果。

互联网的出现，打破了传统的社交方式。信息交流的开放性，让人与人之间发生关联产生了多样化的可能。

第一种模式是聊天。互联网社交其实是以“聊天”这种最简单的方式开始的。如果你经历了我国之前的互联网时代，就会记得 20 世纪 90 年代的网易聊天室、搜狐聊天室、碧海银沙等，成千上万互不相识的人们在那里交流倾诉，甚至是发泄情绪。那时候，人们使用的是PC（个人计算机），网速很慢，只有文字，可是聪明的网友能用文字打出多种组合图画。“:)”这个表情代表微笑，是当时聊天者使用的经典字符。1998年，网络小说《第一次的亲密接触》走红，很多人记得，主人公一个叫痞子蔡，另一个叫轻舞飞扬。后来的事情大家都知道了，先是QQ，然后是微信，一个家族的兄弟俩干掉了众多对手，“一统天下”，成为即时通信领域的霸主。

第二种模式是BBS，它是一种网络社区，它的特征是信息发布、互动和交流。1995年前后，新浪网论坛、清华大学的水木清华站是代表。1999年，天涯社区创办，注册用户曾达8500万个。2003年年底，百度贴吧上线，后来发展壮大，以2200万个贴吧、35亿个主题和646亿条留言，成为全球最大的中文社区。

第三种模式是内容社交。其最早是以网络日志的形式出现的，后来发展为博客。很多互联网平台都开设了博客，其中以2005年上线的新浪博客最为强劲，一大批作家、写手通过新浪博客成为名家。随着信息呈现方式需求的变化，2009年8月，新浪推出了新浪微博，与多家对手几经厮杀之后，终于成为行业的领军者。微博兼具社交和媒体属性，人们在微博上爆料、追星、交友，记录世界，微博一时成为最热门的社交平台。就在这个阶段，随着智能手机的普及、网速的提高，互联网向移动端转移。微信的出现，不仅成为移动互联网最大的即时通信软件，也成为内容社交平台微博最大的竞争对手，便捷的通信锁定了海量的用户，借助朋友圈、微信群等主要窗口，进行碎片化内容呈现和公众号内容分享，极大增强了用户体验。在使用上，它看上去设计简单，实际上囊括了聊天交友、信息发布、内容创作与分发等多种功能，还连接了便捷的支付、商务、社区生活等方方面面。

随着网速的提高、资费的下降，受众对于移动互联网内容的需求发生了变化，这驱使平台方努力思考内容呈现形式的变革。几年前，“直播 + 短视频将成为移动互联网的最大风口”——这个基于商业视角的预测成为科技互联网界的共识。随后的两年间烽烟四起，各大平台几乎均在直播的基础上优化用户体验，纷纷推出短视频功能。到 2018 年，事实证明这个判断是准确的，因为在移动互联网上，依据受众的点击率，从高到低依次是视频、图文、纯文字。背后的道理其实很简单，视频的直观性较强，不像浏览图文那么费劲，而且浏览图文还需要更多的思考：这一切都是人的惰性使然。据说，人们在观看视频的时候，体内还会产生一种物质，内心产生愉悦的感觉。2018 年，短视频用户增长成为移动互联网各个分类中用户增长最强劲的一块。以抖音、快手、火山小视频等为代表的短视频平台风起云涌。2012 年创建的“今日头条”在互联网界很年轻，但却是一匹剽悍的黑马，在内容社交领域迅速成功之后，于 2016 年 9 月上线的抖音，仅仅用了两年时间，这款主打 15 秒短视频的应用，日活跃用户数超过 2 亿个、月活跃用户数逼近 5 亿个。

我们回到创业者和企业创新的话题上，纵观这些不断更迭的平台，作为企业方在品牌推广、获取潜在客户、粉丝经济、社群营销、电商营销等方面，既有过往的成功案例，又有很大的想象空间。因为人们聚焦在哪里，哪里就会有财富机会出现。所以，创业者应该预见趋势、洞察未来，结合自己的创业项目规划和特点，及时谋篇布局，占据有利位置，伺机而动。在真正的创业者眼里，所有的平台都是营销工具，所有的模式演变都是商业机会！

6. 群体性基因突变

我相信，我们已经处在一个极具变化又充满机会的时代，回望历史，没有哪个时期发生了如此之多令人超乎想象的变化。也许一觉醒来，你就会突然发现新的物种出现，这已经没什么好惊讶的了。

当初，餐厅里的机器人端着果盘走向顾客的时候，人们感到无比新奇。现在，人们坦然走进无人超市，或者扫码开走一辆共享汽车，对这些人们都已经司空见惯了。

几年前，我在讲座中分享一个房地产项目案例的时候，谈到智能家居，听者还都半信半疑。而现在，人们走在回家的路上就可以拿出手机查看家中的实景，把空调打开、把窗帘关上。是的，这些都已经成为现实。3D（三维）打印、无人驾驶汽车、互联网信用体系……新东西太多了，数都数不过来。

我习惯根据现象去探求其根本，于是就在思考一个问题：

是什么催生了如此巨大的变化？我认为它来自三个方面：一是中国接入互联网20多年，其基础设施逐渐完备，互联网铺设了密密麻麻的无形管道，在大数据背景下由量的积累发展到全面质变；二是来自科技革命熊熊之火的燃起，新科技在某一层面上实现了突破，从而不断演绎叠加，催生了以此为基础的更多技术创新；三是越来越残酷的商业竞争，逼着创业者这个群体要不断颠覆创新，而以前瞻性需求为导向的商业创新加速了变化的生成。

以上这一切，又都源自思维方式的转变。也许有人会纳闷，人还是过去的人，这么多年都是平平稳稳走过来的，怎么突然变得这么聪明了，难道是基因突变了？我倒觉得，这正是因为过去被束缚的传统惯性思维、惰性思维，在经历了漫长而艰难的挣扎之后，实现了自我突破和最大能量释放。从思想的维度上看，因为原来封闭保守、循规蹈矩，所以今天创新提升的空间反而很大很大。

这也让很多创业者备感压力，不得不开始学习提升、拼命追赶。但是，不要幻想着哪天能够停下来，可以确定的是，这还仅仅是个开始，唯一不变的就是“变化”。而这些，也将润物细无声地推动着整个社会文明的发展进程。

7. 科技的颠覆还在发生

那一年，围棋人机大战迅速吸引了全世界的目光，阿尔法一战成名，并由此引发了热烈讨论。人们一方面惊叹智能机器超乎预期的能量，另一方面开始担忧和怀疑人类控制智能机器的能力，甚至有更劲爆的观点是要捍卫人类的尊严。其实，这个所谓的智能有个前缀，就是“人工”，所以说人工智能的背后还是人。

那一年，名为 Tay 的微软聊天机器人在推特（Twitter）上线。Tay 刚上线时还彬彬有礼，她发布的第一条推特是：“我迫不及待地想见到大家，人类太酷了。”但十几个小时之后，她就开始满嘴脏话，充满了憎恨、歧视和挑衅。工程师们不得不将其控制，宣称进行升级。没想到的是，3 月 30 日，正被“关禁闭”的 Tay 竟意外“出逃”，虽无上次那样明显嚣张，但也发布了一些无厘头的推文。面对此情此景，不知大家是否还记得2014年被微信封杀，后又入驻微博的“小冰”。有一段时间，看上去是网友把小冰玩坏了，其实是小冰把网友玩坏了。

那一年，4月1日愚人节当天，淘宝网宣布将推出全新购物方式Buy+。这绝不是一个愚人节笑话。此前的3月17日下午，阿里巴巴宣布成立VR（虚拟现实）实验室，并首次对外透露集团VR战略。关于这个项目的专业描述，各位可以去看Buy+那段视频，或者搜索相关文章详细阅读。简单地说：网络购物将升级到三维虚拟场景，网友足不出户便可以像逛街一样逛尽千家万店。女性看到这个消息是否会惊叫？视频的结尾说：全世界的男人们，请原谅我们吧。

也是那一年，美国车辆安全监管机构表示，人工智能系统驾驶的谷歌无人驾驶车，将被认为符合联邦法律要求，即谷歌无人驾驶系统正式被认定为司机。无人驾驶汽车项目一直在不断地被探索试验，沃尔沃、福特、丰田等企业也相继研发自己的自动驾驶项目。

那一年其实离现在并不远，那一年就是2016年。

单纯的互联网信息交互已经进入革命时代，朝着高度智能、深度体验的方向发展。这不仅是脑洞大开的奇思妙想，更是一种现实的推进。

那一年到现在，短短两年多的时间里，基于人工智能、大数据的科技成果频频出现。一位叫索菲娅的女性机器人可以展示丰富的面部表情，可以和人进行对话，并获得了公民身份。机器人设计师戴维·汉森说："它的目标就是像人类那样，拥有同样的意识、创造性和其他能力。"

过去民间有句话："您来，刷脸就可以了。"什么意思呢？这是说这个人有地位、有面子，更重要的是有信用。网上还有一句调侃的话："这是一个靠脸吃饭的时代。"什么意思呢？意思是一个人的颜值很重要。没想到，全民刷脸时代这么快就来临了。在很多领域，不必看身份证、不必看颜值，只要人们对着镜头眨眨眼，支付、验证，都OK（好）了。

我在上一篇文章中把当下的创新称为"群体性基因突变"。请大家不要惊奇，更加不可想象的颠覆和变化还在发生，一个基于大数据、人工智能的时代正在来临。

8. 与其害怕不如拥抱

出门不用带钱包了，各种移动支付应有尽有；出门也不用带钥匙了，智能门锁已经牢记了主人的指纹或面容。

这个时代走得太快，快得有点儿让人心悸。如果世间真有穿越，一个人从几十年前穿越到今天，定会感觉进入了一个不真实的世界。

其实，这种恍惚的感受，令当下很多人心中隐隐作痛，特别是20世纪70年代前出生的人。他们的前半生按部就班、循规蹈矩，突然间被切换到一个需要极大想象力的时空中，他们显现出诸多的不适。经验被否定，观念被颠覆，模式被重构，令人眼花缭乱的新生事物频频出现：这一切，给他们带来了无形的压力。

当我们聊起AI（人工智能）、VR的时候，一位50多岁的老友摆摆手说："你别跟我说这些，我一点儿也听不懂，微信我都不会用，手机的那么多功能在我这里都是废物。”我知道，面前的他放弃了融入，他情愿孤独而执拗地活在过去的生活方式中。可是，如果你不会使用移动支付，拿着现金到集市上去买菜，会被看作古董，因为菜摊的老太太手机都玩得刷刷的。

然而，大潮还在以不可阻挡之势向前奔涌。当很多人还没完全弄懂互联网、移动互联网的时候，区块链已经来了。它就像当初互联网刚来的时候一样，完全是一个新的“物种”。甚至，它比互联网更加抽象和晦涩，难以形象地描述：点对点、分布式记账、价值转移、共识机制……

我是“70后”，也奔着知天命的岁数走了。好在，我很庆幸自己一直保持着对新生事物的好奇心，并尽可能地从宏观上理解这个时代，从微观上体验这些进步。多年前，我从博客转战微博，又从微博转战微信，还相继注册了一大堆的自媒体账号、社交账号、知识账号。因为我更喜欢通过试用体验，去研究其背后的运营原理，分析这些平台背后的逻辑。

“未曾观世界，何来世界观？”除了互联网上的体验，还要不断地走出去，到各个城市去转转，看商业场景，找高手聊天。无论我们身处何地，哪怕是在偏远的乡村，要想不被时代淘汰，一定要让思想站在这个时代的前沿。

与其恐慌，不如主动张开双臂去拥抱它。我们应该庆幸，生命因为融入外在的变化而更加丰富多彩。如果我们能够参与到这种变化当中，那么我们的生命将更有价值，更有意义。

9. 捉到老鼠就是好猫

做企业，你如果说不出几句有关“互联网思维”的话来，似乎都不敢出来混了。有人说：我有自媒体。有人说：我有粉丝。有人说：我开了网店。如果你以为这就是互联网思维，那你就错了。

马云强调，我们要做未来的生意；周鸿祎说，互联网思维不是万能药；雷军说，站在风口上猪也能飞起来；马化腾要把一切人、物、钱、服务都连接起来；张瑞敏觉得互联网思维是零距离和网络化的思维；杨元庆认为互联网概念被夸大……我觉得，互联网思维是在互联网背景下传统市场思维的升级版，是一个时代的思维转变，是一种更加开放的思维方式。

所谓互联网思维，一定是从传统思维中演变而来的，绝不会是从天上掉下来的。仔细对照，我们会发现当下的经营管理思想更精确地表达和延展了过去的一些想法。

比如现在讲的“产品核心”。在过去，我们难道没提过产品核心的概念吗？20 世纪 80 年代很多企业就提出了“打造一流的产品”“产品是企业的生命”等概念。

再比如现在讲的“用户体验”。过去的企业也一直在“顾客是上帝”“让客户满意”中寻找最佳的用户体验。没有完美的体验，顾客不会有上帝的感觉。

再往前说，其实古代就有很多大 V（在社交媒体上活跃、有着大量粉丝的用户），战国的孟尝君养士数千，这些人知晓三教九流之学，孟尝君对他们管吃管喝，看来这是粉丝经济和免费模式的鼻祖。

聊到这里，也许有人会说：“难道互联网思维是新瓶装旧酒吗？”那倒未必，上面已经说了，这是一个时代的思维转变，是对前人经营管理思想的延展和升华。

所谓互联网思维，绝不是“高大上”的文字游戏，如果仅仅是玩概念造新词，会把人引入歧途。无论它以什么样绚丽的造型出现，终究摆脱不了商业或传播的本质。所以，我们还是要做一些实实在在的研究和实践。

有一点是可以肯定的，就像产品和服务将越来越倾向于分众化、个性化、极致化一样，这个答案也应该是仁者见仁、智者见智的。不同的人、不同的企业用自己独特的视角来诠释这个概念，并付诸更接地气的管理与营销实践。当我们通过思维的转换和实践取得了真实而显著的经营效果时，互联网思维的概念反而变得不那么重要了。

“不管黑猫白猫，捉到老鼠就是好猫”，这仍然是思维指导行动的检验标尺。

10. 基因再造与重组

舅舅打电话来告诉我，在一家工厂上班的表弟下岗了，让我留心哪里有招聘技术工人的。曾经很长一段时间，急缺技术工，怎么一下子就变了？一方面是企业因效益下滑而裁员，另一方面是企业在升级转型，过去的技术可能同时被淘汰。

一位长期给煤矿供应配件的老板忧虑地说，最近结账遇到了很大的问题，现在的重点工作是清收欠款。另一位酒店的经理则坦承，生意一天比一天难做，顾客变得越来越挑剔。就连出租车师傅都很疑惑：客人跑哪儿去了？

可以肯定地说，经济形势依然不容乐观，压力将会持续增大。是随波逐流，还是杀出血路？不用问，大部分人选择后者。可是如何杀出血路，却又让创业者陷入焦虑。

没有标准答案。地域不同，行业不同，实力不同，管理者不同，员工不同，所以，经济学家、管理学者和成功企业家们开出的药方不能包治百病。你只有静下心来，给自己的企业做个诊断，全面检查一下自己的产品、自己的商业模式、自己的服务、自己的渠道、自己的对手……更重要的是要结合市场的发展方向，去思考基因再造和重组。

什么是基因再造和重组？你的企业、你的店铺是在当时的经济环境、市场生态下创设的，所以你的思路及企业架构、模式都具有当时的“时代背景”，符合那个时候的市场和消费习惯。而现在不同了，你遇到了前所未有的变化。要做得好，就要适应这种变化；要做得更好，就要引领变化。否则，便会被淘汰。你的企业基因，必须是先进的，以抵御"新病毒"的侵蚀。一个企业只有健康了，才能百病不侵，才能创造价值。

11. 一场无法避免的经济生态变迁

有一次，我受邀参加县域商业圈子的沙龙，有"60后""70后""80后"，竟然还有一位"90后"，这些人来自不同的中小企业。倘若在十年前，一帮年龄如此悬殊的人是很难坐到一起的，他们的观念和知识层次存在很大差异。今天能够坐到一起，有共同的话题，这必须感谢新时代的深度包容。

这是一个商业生态重构的时代，改造老企业，有时候真的还不如创建一个新企业效果来得快。道理很简单，老企业是在传统背景下创设和成长的，遵循了当时的市场原则，在目前的转型期会因为惯性而产生排斥性和抗拒力。这个惯性是由管理理念、企业文化、组织架构、运营流程等一系列复杂要素共同形成的。人，作为最重要的因素，从本质上讲是不喜欢变化的，因为变化意味着承担风险、重新适应、更多的智力成本。这需要克服惰性和恐惧感。那么新创的企业呢？它犹如一张白纸，你画成什么样它就是什么样，没有这么多复杂烦冗的关系和束缚，更重要的是，它就诞生在这个时代，适应时代环境，或者更接近于未来生态。

辣子鸡是鲁南有名的一道家常菜。年轻创业者做了一个“辣子鸡外卖”项目，顾客只需在网络上下单，一份热气腾腾的辣子鸡很快就能送到顾客的面前。“目标客群、互联网、单品、快送”，使这个历史悠久的传统菜品立刻充满了青春时尚的味道。

一位经营了20多年企业的老板，勤劳而执着，历尽艰辛地带领企业一路走来，从小作坊做到了今天的中型企业，管理模式、营销渠道、客户关系等都趋于稳定。按理说可以高枕无忧了，但是他万万没想到，在自己年近半百的这个节点上，他和他的企业遇到了前所未有的挑战。这种挑战不仅表现在销售指标上，甚至连客户关系、团队建设都出现了问题。过去的撒手锏，可能成为今天的绊脚石。毕竟经历过风浪，所以他没有恐慌，但是感受到了深深的压力。

你处在一个极速变化的时代，遭遇了一场无法避免的生态变迁。也许你擅长乒乓球，但是却被推进了足球场。规则不是你制定的，你必须去学习和适应新的规则，并努力地跟着球在草坪上奔跑。无论你是谁，无论你曾经有过多少辉煌战绩，都只有面对。这是遭遇战，要么胜出，要么被干掉。

未来肯定是年轻人的世界，更应该是年轻人的市场。当“85 后”和“90 后”成长为社会中坚力量的时候，他们的生活方式将是整个市场的选择。现在重新思考，并着力打造新的商业模式去顺应这种生活方式、消费方式，才是企业抵达未来的方向。

其实，当整个经济生态重构的时候，没有一家企业是安全的，无论是新的还是老的。初创企业一部分会迅速崛起，还有一部分试水后覆没；那些老企业，一部分悲壮地死掉，另一部分坚强地重生。而“生”的希望，只有在创新中才能实现。

12. 我们还需要读书吗

在信息大爆炸的移动互联网时代，人们获取知识和信息的渠道越来越多、越来越便捷，互动性、参与感大大增强。所以有人就问：“郑老师，你为什么还要出书？”

以色列人均每年读书 60 多本，这个有 800 万人口的国家，获得诺贝尔奖的人超过 10 位，被称为“创新之国”；在德国的列车上，你会见到很多人手里都捧着书安静地阅读，所以你就不会奇怪为什么这个国家会成为制造业强国。

在一次读书会活动中，我给创业者们讲了一个观点：互联网增加了人们视野的宽度，但是却阻碍了思想的深度。怎么讲？从信息量上看，当下的人似乎都对天下大事无所不知，但是要他去系统地讲解某个领域的东西，他只能讲出个大概。就像我写过的一篇文章《解剖蚂蚁》：在这个刷刷手机就能获知大量信息的时代，乍一看身边的人都见多识广、无所不晓；而真相是，一知半解的人越来越多，独立思考的人越来越少。

读书，特别是纸质书的阅读，仍然是深入学习与思考的重要方法之一。包括 PC 端（泛指电脑端）、移动端在内的电子设备阅读，屏幕光对于视觉的刺激，让阅读者无法沉浸其中。而纸质书的阅读，则能够使人更好地进入阅读状态，同时也便于融入其中进行有效的记忆与思考。

值得欣慰的是，在这个信息碎片化的时代里，仍然有很多读者喜欢纸质书的阅读。正是这些热情的读者，一直以来激励着我继续坚持写作与分享。我坚信，知识会变得越来越值钱，专业会变得越来越重要。

二
致敬匠心

把最难的事做好，

直到把它做得简单

1. 工匠精神

在从“中国制造”向“中国创造”迈进的过程中，“工匠精神”成为一种时代的呼唤。我们一方面要学习借鉴国外的先进经验，另一方面也要培养自己的“匠心”理念。

“匠”从字形上看，是筐里放着工具，最早应该是指“木匠”，后来延伸到有手艺的人。提到木匠，不能不说到鲁班。鲁班，姬姓，公输氏，名班，故里山东滕州，他出身于工匠家庭，学习继承了手艺，同时在实践中善于发明创造，成就非常突出，土木工匠们都尊称他为祖师。

《墨子·鲁问》记载他“削竹木以为鹊，成而飞之，三日不下”。鲁班被野草划伤了手指，发现叶子两边长着许多小细齿，于是按照这个原理发明了锯。鲁班一生的发明不胜枚举，这些创造成果，无疑都是经过反复琢磨、推敲、研究、试验而来的。鲁班精神的本质是科学精神、专业精神，是精益求精、追求卓越、创新创造的精神。

日本的羽田机场被称为世界上最干净的机场，而这个赞誉与一位女性有关。她叫新津春子，正是她带领 300 人的团队，为这个每天接待 20 余万人的机场带来了如此干净的环境。她不仅熟练掌握了数十种清洁剂的搭配选择方法、清洁技术与时间要求等，还凭借职业敏感性发现那些别人看不到的污渍。她说：“清洁工虽然处于社会底层，但是我想做推动清洁事业发展的手艺人。”

只有把工作当成事业、把任务当作使命，才会创造奇迹。当下所倡导的工匠精神，已经不单单局限在手艺人身上，也不仅指某一个人所具有的精神。在任何岗位上，只要能够注重细节、创造极致，都是工匠精神的体现。能体现工匠精神的或许是一个人，或许是一个团队，或许是一位技师，或许是一位企业家。

勤勉而善于发现，专注而善于思考，工匠须经历岁月耐得住寂寞。聂圣哲说：“捷径是最大的弯路。”某一刻的伟大，必然来源于无数的潜心研究、精雕细琢。

2. 解剖蚂蚁

策划公司的老总安排小徐给一家制药企业做个方案。第二天，小徐就将一份洋洋洒洒的五千字策划案放在了老总的办公桌上。策划公司的老总是干什么的？这个行当里的老江湖啊。他看了下开头，就觉得有问题，把方案里的关键词放在网上一搜，大段的文字就出现了。原来，小徐抄了同行一家公司的方案，只不过改动了部分文字。

老总把小徐叫到办公室，说：“文字太多，我没时间看，你给我讲讲这个方案吧。”小徐结结巴巴讲了一通，破绽百出。老总打断小徐的话：“你还是重新做一份吧，希望明天能讲得好一点！”小徐灰溜溜地离开了老总的办公室，这下他不敢再拿别人的方案来用了。

要想练出真本事，就得先从“解剖蚂蚁”开始。你听说过解剖麻雀，没听过解剖蚂蚁吧？麻雀虽小五脏俱全，“解剖麻雀”是一种工作方法，即通过深入研究具体典型，从中找出事物的普遍规律的方法。

那么解剖蚂蚁是怎么一回事？它是指当你在学习和工作中，遇到任何细微的模糊认知、陌生的东西时，一定要把它们弄清楚了，再往下走。读书的时候遇到陌生的词，不要跨过去，查查字典记住了再往下读。对于工作中不确定的小细节，研究透了、确定了，再往前推进。商业谈判之前，更要把对方的企业信息、来龙去脉掌握得一清二楚。

无论是解剖蚂蚁，还是解剖麻雀，都是一种钉钉子的精神。你要学会从微观上去观察，从宏观上去思考。当你养成这种习惯，并经历足够的时间后，你就会发现，你已经变得越来越聪明、越来越强大了。

3. 先把事想透，再把事做绝

一位著名投资人在斯坦福大学讲创业课的时候说，创业需要具备四个条件：好创意、好产品、好团队、好执行。

它不像开个社区商店或者网店那样简单，确切地说，开社区商店或网店只是一种生意上的复制，和真正意义上的创业有很大的区别。创业需要发现或预见新的需求，通过新的产品或服务来满足新需求，并形成核心竞争力，以此使企业持续成长。核心竞争力，其实就是形成壁垒的竞争要素，否则你的产品或模式一出来，马上就会被复制，其他企业会挤压你的市场空间。

全球性的大企业都在谨慎回避这个话题，但事实上，创业的最高境界是“垄断”。当一个企业的市场份额达到一定当量的时候，其实就已经形成了准垄断的格局。

华为突飞猛进，华为创始人任正非在发言中称，华为正在本行业逐步攻入无人区，处在无人领航、无既定规则、无人跟随的困境，他形容华为前进在迷航中。雷军当初带领团队研发产品的时候，也曾放言：把自己逼疯，把对手逼死。

中小企业的创业者们说了："我们就做个小项目，也需要攻入无人区吗？"我告诉你——你如果想走得更远，一定要把对手甩在身后。因为，竞争必须有胜负。

回到开始的话题，创业先要有好创意。构思创意模型的时候，思考和决策应该慢一点、深入一点、全面一点。围绕创意雏形，琢磨透了再行动。当然，一旦想透了，做的时候就要快一点、狠一点、准一点。把它做到前无古人、后无来者，才算是做到了极致。极致就是最好的壁垒，会为你争取到更多的时间，让你进一步融合、升级。当对手幡然醒悟的时候，他已经被你甩得很远了。

4. 把对手甩在足够远的身后

虽然现在各种业态、各种模式层出不穷，但是我坚信，一定还会有空白点。你找到这个空白点，就找到了一个新的市场空间。说白了，就是你要做别人“想不到”的。

但是问题来了，你开发了新的市场空间，一旦进入实际运营阶段，马上就会被抄袭或模仿。这就要求项目方在定位明确之后，构筑壁垒。这个壁垒就是阻拦跟风者效仿、保障项目处于领先地位的手段。说白了，就是你要让别人“学不像”。

那么问题又来了，这样的话，新的项目始终处于别人的对标之中，风险隐患犹存。想要始终保持优势，就需要项目方着重研究未来，起码要着眼于三到五年。如此，将研发的结果应用到项目中，便形成了不断的“产品迭代”。大家正在窥视你的 2.0 版本时，你的 3.0 已经出现了，4.0 也准备好了。说白了，就是你要让对手“追不上”。

大家有过参加网络投票的经历吧？当你是得 1000 票的第一名的时候，得 900 票、800 票的对手都拼命追赶，投票进入胶着状态。只有当你和对手拉开足够大的距离，让别人望尘莫及了，你才能稳操胜券。例如跑步，当你把对手甩在足够远的身后时，会让对手失去信心。

5. 一生做好一件事

每个地方，都有一些看似平凡的人，做着看似平凡的事儿。花开花落，春去秋来，日复一日，年复一年。当人们把折叠的岁月铺开时，却发现它们已经把平凡做成了奇迹。

某县城里有一家做鸡蛋汤和灌汤包的早点铺，位置在一条小胡同里。每次去那里吃早餐都要排队，30 年前是这样，现在还是这样。店铺内碗筷被洗刷得非常干净，厨房里一尘不染，包子和鸡蛋汤保持着独特的香醇味道。

早点铺只营业半天。女老板带着几位妇女包包子；男主人在厨房里负责做鸡蛋汤，只带了一个帮手。他面无表情，目光始终跟着手中的活儿走，一举一动专注娴熟。熟客都知道，苍茫岁月之间，他一直都在那里，从年少风华，到两鬓微白，每天重复着一套看似简单的动作，打蛋、搅拌、加汤、放佐料。据说，他每天要做 500 碗左右，那么一个月就要做约 1.5 万碗，1 年要做约 18 万碗，30 年下来，就是约 540 万碗！女老板说，每天大概做 4000 个包子，那么 1 个月就要做约 12 万个包子，1 年要做约 144 万个包子，30 年下来，就是约 4320 万个包子！

这家店铺排队的人多，上个排号的电子系统很容易，可是他们用不着。因为服务台收银的人也跟着干了几十年，练就一门“绝活”。顾客再多，只要收了钱，她都能分清谁先、谁后，谁要了几笼包子，谁要了几碗鸡蛋汤。

一生只做一件事，听起来都觉得那么没意思，实际做起来要比听起来更无聊和枯燥。没有新鲜感，没有任何悬念；没有故事，更没有诗和远方。然而，正是靠这种重复中的坚持，令手艺内化于心、外化于行，使技术成为潜意识本能。

我在写这篇文章的时候，就想起管理大师德鲁克说过的一句话：“管理得好的工厂，总是单调乏味，没有任何激动人心的事情发生。”当目标、程序和方法确定后，接下来就是日积月累的执行，克服惰性和厌倦的煎熬期，慢慢地，极致所产生的力量开始发挥作用。

可以确定，那位迄今做过 500 多万碗鸡蛋汤的老板，在刚开始的时候必然经历过内心的挣扎。执意坚守成就了他们的今天。把平凡的东西做得不平凡，把小生意累积成大数字，并形成高度黏合的品牌力。

当下，很多年轻的创业者，过度追求所谓商业模式的颠覆，藐视产品的核心地位，苛求短时暴富或一劳永逸，甚至不惜去做传销、透支个人关系资源，这种做法与上述案例形成了一种鲜明对比。

解决心性冲突，甘于寂寞，在满是诱惑的世界里聚焦于某个点，用心去做，用生命去做，你会发现，一生做好一件事，美好而有意义。

6. 做最好的饼，磨最好的豆腐

这个案例和上一篇有些相似，但我还是想讲一讲。

大家每天都可以看到刷朋友圈、发小视频卖东西的，对此已经司空见惯了。而他的微信朋友圈里，几乎没有兜售饼的内容，倒是有一条微信很扎眼："不要替我宣传，没尝过的朋友请降低你的期待值。”这看上去有些另类。

这是一家做手工饼的小摊，做饼的师傅是位小伙子。他不打广告，不做推广，只是默默坚持用最好的原料，做出最有味道的饼。也只有他，能把本地 2 元一个的饼卖到 6 元，顾客仍然络绎不绝，排队购买。

有人可能会觉得这个案例很小，因为他是个很小的个体户，甚至算不上创业者。华为创始人任正非有句口头禅——把豆腐磨好，他始终坚信，认认真真地把豆腐磨好就有人买。

坚持做好产品是件苦差事，因为它可能令人困惑、枯燥乏味，还要经历漫长的寂寞。只有把追求卓越品质升华成一种信仰，或许才能内心安宁地去雕琢、去打磨。这就是我们通常说的匠心。

我身为一名营销研究者，当然深知营销推广的重要性，但是，离开产品品质的营销是短视的。在这个喧嚣的商业世界里，有多少人把赌注超负荷地押在了营销和商业模式的创新上。如果产品不能匹配目标市场，营销越强大，反而死得越快。

营销可以为产品插上翅膀，而前提是产品必须足够好。所以，这个逻辑应该是先把产品做精，再把营销做强。

7. 作业和作品

在现实中，很多人把工作当成了“作业”。有人问他：“一年过去了，哪些是你的得意之作?”他却答不上来。工作是做了，但没有可圈可点之处。换句话说：做得比较平庸。

上学的时候，大多数学生对作业是排斥的，又不得不去完成。他们总觉得作业是为了老师或者为了家长而做的，即总是被动地去做，所以，成绩很一般。

在工作中也是如此，大多数人觉得是为了上级、为了公司而做事，那么就会像做作业一样，按部就班地去实施。在这种心态下，日复一日，敷衍应付，业绩平平，毫无亮点可言。他们貌似“一直老老实实做事”，然而从结果上看，“分数不高，质量不佳”。

如果你换一种心态，把每一件工作都当成“作品”来对待，会有完全不同的情形发生。厨师把菜品当作品，工程师把产品当作品，导购员把业绩当作品，财会人员把报表当作品……你的作品，代表着你的思维方式，也是你能力水平的体现，甚至代表着你的声誉。在这种心态下，你就是为自己而工作，激情会在你血液里流动，每一步你都将竭尽心智。

我经常对企划、设计岗位的年轻人说：要把每一个创意、每一幅设计图都当成“作品”来完成，这样你才会充满激情和创造力，才能不断成长。

心态决定状态。一段时间下来，回过头去看走过的路——你会发现，因为你的努力创新，因为那些被精心打磨的细节，你经过的路途已开满了鲜花。

若干年后，当你硕果累累时，你已经活成了另一个自我。那将是一个自信、执着、成功的你。

8. 技师和大师

你知道“技师”和“大师”的区别吗？

我先来讲个故事。过去，很多工厂里都采取师徒制，老师傅带徒弟，大概两三年徒弟就可以单独操作。很多年前，有两个高中毕业生考进了同一家机械制造企业，师傅言传身教，两个徒弟都吃苦耐劳、认真好学，进步很快，一年多时间便各自独当一面了。时光一晃，20 多年过去了，已是高级技师的师兄成了这家企业的大师傅，对设备电路、油路、模具等，无所不通。

可是，近几年企业受到市场冲击，需要对产品进行改造升级。董事会决定借智提升，邀请了几位业界大师来指导。其中一位大师竟然就是当年从这里离职的那位师弟。一样的学历、一样的起点、一个师傅带的徒弟，为什么一个成了技师、一个成了大师？

原来，这位师弟离职后，又先后去了国内几家大型机械类公司应聘。一边学习，一边思考和发现问题，潜心研究专业。为了能读懂外文资料，他还自学了英语。再后来，他出版了好几本机械制造技术创新方面的专著，并屡屡被邀请到企业去做指导，打造了多个成功案例。

管理学界有个 1 万小时定律，是说你对某件事投入 1 万个小时，就会成为这个行业的专家。但事实上，很多人做一件事做了十几年甚至几十年，却没有成为专家，这就是“做”和

“想”的区别。如果仅仅是去做了，一直做到熟能生巧，那么最高也就是成为好的技师。如果不仅有行为上的探索，还有更多关于原理方面的思考，关于存在的问题方面的追问，关于其边缘学科的研究，关于趋势方面的洞见，对这些东西都想通了，创新自然会发生。

同理，如果员工的创新思维被激发，那么能产生巨大的能量。这种能量足以改变企业的命运。所以，海底捞的管理经是：雇用员工的大脑而不是双手。

用“心”去做，坚持信念，你一定会有不同寻常的收获。

9. 极致就是把自己逼疯

很多创业者说得最多的词就是“艰难”。

同样是面对艰难，从表达中可以窥见：有的是陈述，有的是抱怨。陈述者是在描述竞争中饱受压力的这种现实，而抱怨者是在表现出无能为力的悲观。果真这个行业将要完了吗？你该想一想：你的对手是否活得很好；你所在行业里的那些数一数二的企业为什么还能充满生机。

创业者需要不断地自我反思：自己做到极致了吗？自己的产品做到极致了吗？自己把服务做到极致了吗？自己把管理做到极致了吗？可能马上会有人说："我们有很多好的想法，但是企业缺少真正的人才，没有人帮助我们去实现。"

如果这样讲，那我告诉你："只能说明你在人力资源管理和团队打造上还没有做到极致！"

只要这个行业还有企业活着，还有企业比你活得更好，就可以确定地说，你在很多方面尚需努力。这个差距，需要你用"极致思维"去探究，经营你的长处，补足你的短板。

雷军说过一句经典的话："极致就是把自己逼疯。"这句话很有道理，我们来看看他们是如何把自己逼疯的？

小米科技的联合创始人黎万强在《参与感》一书中描述道：每次新品发布会，我们会成立专门的演示文稿撰写组，包括文案和设计师，5 人左右的团队会工作一个半月。雷总会直接牵头参与设计，大到内容框架小到一个文字的配色，大家很难想象，这些文稿都被改过近百遍。每一次，撰稿组的同事临近发布会最后一周的口头禅都是：快疯了！真的疯了！

极致，有时是针对产品的不断打磨，有时是针对服务的细节呈现。到过海底捞用餐的人，一定会对其服务记忆犹新。你在等菜时可以享受到免费擦鞋、美甲，你吃多了他可能送你消食片，你是孕妇他会给你的座位铺上软垫，服务员甚至会帮你看孩子。这在外界看来是“疯狂服务”，本质上与很多餐饮公司倡导的标准化服务不同，是个性化的，是基于满足消费者动态需求的。这说明，海底捞员工的现场发挥做到了极致。

这些案例听上去有些高大上，仔细观察，你会发现，身边的小微企业也在极致思维的运用中有不同的体现。鲁南偏远的农村有一家羊肉汤餐饮小店，小店不卖烟酒、不卖面食，只卖羊肉汤和调羊肉，生意持续火爆了十几年。从选材到烹制，他把羊肉做到了极致。

你如果思想松懈、行为懒散，是不可能做到极致的。反而是那些吹毛求疵、“有强迫症”的人更容易做到。你要不断地自我否定、寻找管理症结，并以强大的行动力去实施。对专业的高度痴迷和深入研究，对用户的高度洞察和敏感嗅觉是不断提高的基础。

10. 把最难的事做好

当有选择权的时候，人们通常会选择去做那些更容易完成的事情，一方面是因为拈轻怕重的本性，另一方面是因为容易的事能最快地显现成果。

某企业的一位高管遇到了经营管理中的难题，感到力不从心。他困惑、沮丧、焦虑，甚至开始怀疑自己是否胜任这份工作。

我告诉他两个观点：第一，如果你的工作一直都按部就班、一帆风顺，没有任何波澜，那你就失去了应对挑战的机会，而这种机会，能让你在压力下快速成长；第二，无论结局如何，在积极的应对中，你都将收获一段不同寻常的经历。

硅谷的一位创业家说过："如果你做的事情毫不费力，那就等于是在浪费时间。"当你经历了困苦之后，你会发现渡过难关是美好的经历。

一家专注于提供校餐服务的创新企业，精心打造了从田间到餐桌的全流程模式，位于城区的中央厨房发挥着关键作用。而不为人知的是，在开拓业务初期，该企业竟然选择了离中央厨房距离最远的一所乡镇学校。员工很纳闷，怎么放着近的学校不做，却做最偏远的？企业董事长说："我们选最难做的，就是为了锻炼队伍，测试企业最强的服务能力，乃至极限。如果最难的做成功了，以后再做其他的就简单了。"几年过去，事实证明企业当初的选择是正确的。如今，该企业已经由难而易，同时供应几十所学校数万名学生的营养餐，建立了环环相扣的完整产业链条。

好走的路都被人踏过千遍万遍了，看似捷径但结果大致雷同。想要超越平庸，必须敢于选择别人没走过的路，必须敢于去争取不同寻常的结果。

把最难的事做好，直到把它做简单！

11. 执行是对创意的完美诠释

A 公司确定了一个新的营销突破点，然后团队开始研究具体战术方案。研究来讨论去，几个月过去了，还是没敲定方案。没想到，竞争对手率先推出了类似的营销措施，抢占了先机。这是一个快鱼吃慢鱼的时代，市场不会耐心地等你。

B 公司的团队通过头脑风暴，拿出了一个颠覆性的创意。创意太绝了！可是在落地的时候，却被执行得一塌糊涂、漏洞百出。不仅没能获得好的市场反应，还给公司带来了差评。这是一个挑剔的时代，没有人会为你的敷衍买单。

很多老板、管理者经常为此苦恼：100 分的好想法很多，可是执行的时候只能得 50 分，不及格，浪费了那么多脑细胞，投入了那么多资源，最后却打了水漂。

没有好的执行，一切等于零。再牛的创意，如果没有良好的执行，就只是一个创意而已。因为，在落地之前，所有的奇思妙想都是假设。

既然是假设，那就需要在推进的过程中解决具体的复杂问题。执行，其实就是不断解决问题的过程。当种种问题都得到圆满解决时，那么这事情就做成了。

执行力分为较差、一般、良好、完美四个层级。完美执行，不是按部就班，而是按照这个思路或方向进行创造性的开发和延展。好的执行者会在实践过程中发现问题、及时矫正、有力推进，从而达到一个完美的效果。所谓完美执行，其实就是“极致的发挥”。

老板千万不要说：“你只管去做，别问为什么。”员工千万不要想：“你就说怎么做吧，我才不管那么多。”执行的前提是理解到位，就是说，做一件事要先知晓它的背景、意义、目的，这样才会做得更好；否则，执行效果可能大打折扣。

所以说：“三分创意，七分执行。”

执行力可以练成吗？我认为，执行力包括“理解能力＋协作能力＋应变思维＋细节精神＋顽强意志”。只有具备了这五种要素，才能把事做好、做透、做绝。

12. 专业精神

一位报社的编辑值夜班，回到家想起刚才校对时发现了一个生僻的字，他自己也拿不准。经过详细的查证，他确定这个字用错了，于是拨通了报社照排室的电话，将这个意见反馈过去，避免了一个小的差错。另一位律师朋友在为企业审核合同文本的时候，对某一句子的提法持怀疑态度，于是他回到办公室查阅了大量资料，忙到半夜才找到了更加准确的表述。

也许有人会觉得这些人太迂腐，不就是一个字、一句话吗？对大局无碍，至于这么认真吗？然而，这正是当下社会中难能可贵的专业精神。敷衍了事，得过且过，有这样心态的大有人在。

什么是专业精神？在专业技能的基础上，所表现出来的对工作高度负责与热爱的品质，被称为专业精神。

专业精神说到底就是“知识技能 + 严谨执着 + 满腔热爱”。首先，具有专业的知识和技能，在这个基础上，又具有较真的劲儿、坚持的劲儿，不怕挑战，在事业上热衷于攻坚克难，始终充满激情，热爱工作，甚至是痴迷于工作。只有具备了这种专业精神，你才可能在你的行业领域里实现最大突破。

三
营销的真相

彻底站在用户的角度去思考，才能做出正确的决定

1. 站在用户的角度去思考

现在做企业，压力非常大。因为，市场已经从企业主导型转变成了用户主导型。通俗地说，就是在市场的配置中，过去是企业生产什么、经营什么，消费者就只能购买什么；而现在完全倒过来了，是消费者需要什么，企业就生产什么、经营什么。当然还有一种可能，企业通过产品来培养和引导用户的需求，成为某个行业的领导者，但那是极少数的。

企业营销策划人员一直在研究，如何把产品或服务推荐给消费者，乐此不疲地创造出各种营销花样，如打折扣，送赠品，抽奖，预订等，试图通过这些手段来刺激潜在的客户，激发其购买欲望，提高成交的可能性。

可是，你真的了解消费者吗？你知道人们在做出购买决定的时候经历了怎样的心路历程吗？你知道人们细微的心理变化会带来什么样的行为变化吗？有些经营者往往一厢情愿地自作主张，以所谓的营销手段强攻消费者的身心。这种做法在竞争更加残酷、消费观念日趋成熟的今天却收效甚微。

也许你并没有想到，这完全是营销策略设置的角度问题所致的，单一地站在企业销售的角度上思考，反而使营销陷入乏力的尴尬境地。我一直倡导解决问题的方法是“转变思维方式，换一种角度去思考”，力图引导营销人员与消费者站在同一角度上来做一次全面的、完整的消费体验，并因此获知他们的心理和行为变化。

经营之圣稻盛和夫、7－11 便利店的创始人铃木敏文、沃尔玛的创始人沃尔顿等经营大师，一直都强调企业应该站在用户的角度去思考，他们不仅阐述这种经营思想，还做了更深入的实践；京东、百度、华为、小米等企业也一直在强调用户体验。我在 2014 年出版的《购买全程》一书中就说过：真正绝妙的营销，一定是在清晰洞察消费者心理和行为变化的基础上而做出的顺应、契合、协助、给予，因此会顺理成章地大大增加成功销售的可能性。

所有营销战略的拟定、营销战术的落地，只有扎根于用户思维，才能真正赢得用户、赢得市场。

2. “知道”是销售的源头

冬去春来，天气变暖了，王先生打算去买一件春款外套。这就是需求。按照我的营销七单元理论，“需求”是第一个单元，是购买的源头。这个源头也就是购买动机。

他开始关注春款服装的信息，或者在脑海中调用曾经消费过的品牌信息。这是第二个单元“关注”。这时候你给他介绍一款服装，而他根本不知道这个牌子。质量如何？价格如何？他一点儿也不知道。他会去买吗？

你的餐桌上放着两个包子，一个叫“狗不理”，另一个实际上比“狗不理”还要好吃。如果你只能选择一个，你会毫不犹豫地拿起“狗不理”。

“知道”，成为消费的重要前提。比如，饿了的时候，路过一家肯德基，你知道那里有汉堡包和可乐。其实消费者知道的，远比要去购买的多。比如，他知道奔驰车是好车，但是现在买不起。换句话说，消费者知道你的品牌，也不见得会去买。

有100个人知道你，也许其中只有一个人会成为你的顾客——因为，在你的这个行业里，他不仅仅知道你。但是，如果他不知道你，你几乎就没有任何机会。你要想找出那一个顾客，首先要让100个人知道你。

经常有中小企业老板在营销管理上遇到困惑时会主动来找我咨询。他们为什么会找我？因为他们知道我，知道我在研究消费者心理和管理营销创新。

而你，无论把产品做得多好，也要解决受众“知道”的问题。宣传、推广、展示、赞助活动、体验、试用、品鉴……你有非常多的路径可以尝试。卖水果的人在你停下脚步的时候，总会说：“尝尝甜吗？不甜不要钱！”先尝后买，就是为了让你知道，他的水果很好吃。

顾客的体验会通过分享转告的方式进行传播，积累到一定的量就形成口碑。

事件营销则能够迅速提高品牌知晓率。你如果有好的“事件”可以营销，就可以快速解决“知道”的问题。

在别无选择的情况下，知道与不知道都没有意义，比如，你饿极了，吃什么都是香的。而更多的时候，消费者有更多的自由选择机会。所以，你必须让消费者“知道”你。

3. 品牌的真相

什么是品牌？理论上，狭义的品牌是指产品识别系统在用户心中的印记，广义的品牌是指受众对企业及产品的价值认知。但是千万不要觉得你有注册商标、有产品的牌子，就能称得上有品牌。我想告诉你，在实践中到底什么是品牌。

品牌的“品”字，说明“众口可以铄金”。好产品是基础，这毋庸置疑。但是仅有好产品是不够的。大家都知道的好产品才是品牌。

知道是好产品的，一定是用户吗？未必。也许你没用过苹果手机，没开过奔驰汽车，没吃过“狗不理”包子，没去过巴厘岛……但是你坚信，这些都是好东西或好地方。事实上，有些东西你根本就没见过，有些地方你压根儿也没去过。

当别人提起这些东西或地方时，你为什么会肯定和赞赏它？你无意中成为某些产品的信息传播者，为它们背书，但是你从未有过对这些产品的消费体验。当研究者把这种现象用利刃切开时，甚至可以断言：你在撒谎！

现在我们把微观的镜头向后拉，让更多的人进入镜头中，你会惊奇地发现：所有的人都在为它们背书！

那么，我想问：“你的信心是从何而来的？”

“哦……我只是听说过。”

追问必须开始，这样才能找到真相：“从哪里听说的？听到了什么？”

其实，人们几乎无法回忆起和确定这些信息来源，也许是朋友曾说过，也许是自己看到了媒体的报道，也许是因为铺天盖地的广告，也许是看到了网络上的分享内容。但有一点可以确定：很多次，你从不同的渠道了解到这些产品。

如果你在一天中，先后遇到三个人，他们都对你说同样一句话：“你看上去有点儿不正常。”结果，你就会觉得自己哪里真的不正常，并忧心忡忡。这便是营销的魔咒。

让不同的媒介、不同的人，在不同的时间，都替你的产品说话。通过某些复合的渠道与方法，来使人们对你的产品达成统一认知和高度共识。而这个认知，正是你的企业和产品致力于达到的目标。

使准备购买的人，确信自己的选择是正确的；使你的用户，获得美好的体验；使还没有享用的人，内心充满向往和期待；使人们在不同的媒介，看到关于你的正面信息——无论是企业主动呈现的信息，还是用户分享的。

没有好产品，不会成就好品牌；有了好产品，没有好的营销，也不会成为好品牌。

4. 促使客户来找你

世界上最牛的营销是使客户来找你，而且只能来找你。

上海有一位专拍人像的摄影师，技术非常好，但是对销售、客户接待等商务活动一窍不通。尽管这样，慕名而来的客户排队等。预约拍片至少提前半年，而且价格不菲。

业务做到这样，也是一种水平。那么，怎样做才能使客户来找你呢？

第一，做到唯一。如果你在某一个领域是唯一的，客户就别无选择。他不找你，就没有解决方案，而且主动权、定价权都在你手里。怎么做，你说了算。

第二，做不到唯一，就做第一。当你成为行业老大时，还愁没客户吗？所有的资源都会向你靠拢，因为你有这个行业里最优的解决方案。

第三，使别人知道你是唯一或第一。这就是品牌的力量。就像空调行业的格力、手机行业的华为、搜索行业的百度等，强大的品牌释放着信息能量，这种信息会变成聚合力，聚合供应商、客户以及合作伙伴。

那么，中小微企业怎么办？它们可以在某个细分行业市场或者某个区域市场寻求机会，找差异、塑长板、寻突破，只要形成独特优势和影响力，客户自然会来。所谓的独特优势，便是你在某个小城市里、某个小行业内的名分。

当你成了行业代名词，客户只能来找你时，你就赢了。

5. 提升用户体验

坐在马桶上玩手机是当代人的“标准姿势”，如果我会雕刻，一定要将这种场景刻进历史。而这场景，使卫生间的平庸得以改变，在人类基本需求之外，又赋予它休闲的功能。如果卫生间里没有异味，一侧墙面设有手机充电装置和伸手便可触及的手机放置横板，那就再好不过了。还有没有更好的卫生间设计呢？当然有，摆放鲜花和工艺雕塑，播放音乐，这些设计都为了一个目的——提高如厕的舒适度。

如果一家酒店的卫生间正如上面所说，你会不会满意？你会不会因为如此舒适的卫生间而选择这家酒店？从逻辑上讲答案是肯定的，因为一家把卫生间都设计得如此人性化的酒店，其他的细节也坏不到哪里去。

这叫什么？这就是我们常说的用户体验。

在创业群里聊天，谈到用户体验这个概念时，一位朋友说用户体验就是产品和服务比用户的要求更好。他的出发点是好的，这种想法是站在销售方的角度上去讲的。而事实上，从第三方的客观角度去看，用户体验是一个中性的词，因为它也分为正面体验和负面体验。你去体验某个产品或服务后，给出的评价可能是好评，也可能是中评，还可能是差评，甚至是“差差评”。

旅客乘坐高铁的时候饿了，于是询问盒饭价格，感觉价格挺高，但还是决定买一份；拿到盒饭后，塑封包装却很难打开，费好大劲撕开后弄了一手油，而且还找不到餐巾纸：这种体验糟糕极了！其实，要解决这些小问题非常简单，在盒饭覆膜上设计一个撕口，在一次性餐具里放一张餐巾纸。

从产品或服务提供者的角度去思考问题，确切的说法是“提升用户体验”。这样就把这个中性的词变成了积极的、正向的词了。提升用户体验，关键是让用户觉得更好用，当然也可能是更好玩、更好带、更好吃……产品本身一定是最关键的。同时，仅仅是产品好还不够。除了产品本身，还包括品牌荣耀、购买的过程、后续服务以及体验的分享等方面。它是整个消费体系给用户带来的综合体验。这个体验步骤是感觉—感受—感知。感觉来自外部信息，感受来自消费行为，感知来自内心。

前段时间，我受邀到一家轮胎企业的年会上做演讲，见到这家公司的老总后，他不断地强调一个词：感召。我认为，感召是用户经历了感觉、感受、感知之后，企业、产品与用户三者达成的最高境界。感召是一种心与心的交流，它让产品从外在吸引变成了内在召唤，这就是一种有效的连接。

提升用户体验，一定要清楚地知道：用户在想什么，用户需要什么，用户讨厌什么，用户排斥什么。我很早就说过一句话：你把上帝逗笑了，它还能让你下地狱？

6. 到达内心的才是好产品

产品理念上的突破，是从传统的介质贯穿到用户的内心世界。产品设计者更加关注用户的内心感受与情感体验。

比如，某银行的一项少年儿童专属的“宝贝成长计划”，就充分展现了特色金融产品优势，让消费者享受到了“体验感”和“价值感”。

一张印有宝宝照片的宝贝卡、一本卡册集、一个特惠商户圈、一份专属的成长基金，“宝贝成长计划”不是为了让孩子坐享储蓄的成果，而是让孩子明白，未来的一切都源于点滴的积累。通过成长点滴助力、宝贝成长基金、爱心记录簿等系列服务，培养孩子的“财商”，启发孩子的理财意识，使其养成独立的生活习惯，帮助其树立正确的财富观、价值观。该计划的服务功能从一张小小的金融卡，延展到了人文、亲情、教育、商业等多个领域。

有位营销专家说过，最好的产品可以和人对话。他所指的“对话”，就是说为产品赋予了情感暗示。当你拥有一辆爱车后，或许它会被你视为伙伴；一部中意的手机，也许可以给你带来安全感。很多情况下，产品的基本功能是趋同的，只有那些精心打磨的细节、别具匠心的卓越品质，才可能感召用户。

7. 痛点就是机会

社会有着相当复杂的机制，人们生活在其中，常常会感到纠结和无奈。作为个体，你虽然因为不适而焦虑，却无法改变现状。

回忆一下吧，人生竟有如此多的不爽：在通信公司取号之后发现前面还有十几个人，手机用了不到半天就剩下一格电量，加了200元的油没几天就没了，去一家餐馆却用了半个小时在附近找车位……

假如你到集市上买菜，有两家摊位上卖萝卜。其中一家的萝卜是清洗干净的，另一家的是带着泥土和新鲜叶子的，你会选哪一种呢？当然会选带泥土的，因为你感觉它是新鲜的。再延展一点，你会觉得它是安全的。“新鲜、安全”是消费者的诉求，而这种诉求恰好源于消费者的痛点。

我们经常听到营销专家说要抓住消费者的痛点。那么，什么是痛点？痛点是指消费者在使用产品或享受服务的过程中产生的心理落差或不满情绪，希望获得满足而没有获得满足，通常伴有焦虑感，并夹杂着渴望。通俗来说，痛点就是不舒服的感觉。个别人的痛点对于企业来说没有任何意义；但是，带有普遍意义的痛点对于企业来讲就是商机。

痛点营销的三个步骤是：首先，要善于发现消费者的普遍痛点；其次，提出消弭这个痛点的解决方案，即产品或服务的改造；最后，告诉大家，你们原来很痛，现在我已经找到了让你们舒服的方法。

一些广告宣传所用的技法，也是通过提醒用户的痛点，来引起购买行为的发生。比如，洗发水广告老是在说你的“头皮屑”，牙膏广告老是在说你的“大黄牙”。

我想用案例阐释更便于理解。鲁南这个地方，人们结婚的时候亲朋会送上礼金祝贺，主家择日设喜宴款待亲朋，亲朋临走时主家还要送上喜包，喜包里面装有喜糖、点心、香烟等。这个风俗已经沿袭很多年了，然而，随着生活水平和健康意识的提高，喜糖、点心的拆开率很低，再加上不吸烟的人越来越多，这使传统的喜包失去了实际价值。办婚事的主家无奈，钱已经花了；收到喜包的亲朋也无奈，人家给礼物了。双方的无奈，就是普遍痛点。于是，我就帮一家专做礼盒食品的企业策划了一款新产品，外包装手提袋以喜庆风格出现，内装六枚小盒，精选红枣、桂圆、栗子等，寓意幸福、甜蜜、早生贵子等。

银行在服务厅设置儿童娱乐设施，汽车维修公司设置游艺厅，既然不能改变程序节省时间，那么就让等待的时间变得丰富多彩，以减少用户的不适感。

手机经常没电，出门还要带个充电宝，这让我们时常怀念早年的诺基亚。几年前我就说过，如果哪个手机制造商研发出智能手机的超级电池，就会成为竞争利器。

参加户外活动时手机没地方放，一种系在手臂上的便捷小包诞生了，这就是用户痛点所催生出的产品。

一个五孔插座，三插和两插离得这么近，使用起来着实不方便。其实，很多情况下只要稍稍改变，用户体验便噌噌地提升，只是在惯性思维下被熟视无睹了，竟没有人想着去改变它们。

很多东西，由于大家都司空见惯了，所以没有人去尝试着改变。只要你留意观察需求，洞察消费者痛点，同时具有强大的行动力，敢于去颠覆，你就能实现创新：创新就是这么简单。

8. 敢收顾客的保证金

现在的人们越来越重视健康养生，很多人选择去健身房，但是真正能够坚持下来的并不多。于是，一家高端健身俱乐部针对新会员推出了保证金制度。这个保证金制度非常有意思，除了俱乐部的年费外，会员还要缴保证金。

会员缴保证金，而且还要签承诺协议，这家俱乐部疯了吗？它不仅没疯，简直冷静地让人咂舌。恰恰是这个方案给这家俱乐部带来了更多的新客源。承诺协议标明：如果会员一年内锻炼次数低于 52 次（平均每周一次），保证金将被扣除；超过 52 次，保证金加利息退还会员；超过 104 次，会额外奖励 500 元。

解析这个案例会发现，保证金起到了一种监督约束的作用。这家俱乐部本来就是高端俱乐部，目标客户都是收入较高的人群，而正是这些人更容易因为这样那样的琐事而不能坚持锻炼。想健身却不能坚持的人，缴保证金后，变成了被监督者，于是新会员经常提醒自己去打卡，时间久了，便养成了按时锻炼的习惯。坚持的结果是，身体机能改善了，还拿到了奖金。当然，所谓的奖金不过是俱乐部开出的奖励性折扣而已。

环境、设施、服务、教练水平都差不多，还可以从哪些方面创新？这个案例便是经营者采用了逆向思维而出现的结果。他们找到了相当一部分人的痛点，并依据这个痛点开出“药方”，在解决客户问题的同时，俱乐部受益便成了顺理成章的事。同时，这个创举一时间被市民津津乐道，大家都成了这家俱乐部的广告宣传者，真是一举多得。

所以，不要再告诉我，你的经营遇到难题找不出一点儿办法。在这个“只有想不到、没有做不到”的年代里，学会激发你的大脑潜能，让更多的创意锁定你的用户，给他们带来全新的功能与体验，也使你的企业做到更好。

9. 群体趋向左右用户体验

我在杭州考察项目的时候，路过一家果茶店。排队的顾客像长龙一样，从店内的吧台一直绕到店外。出于专业的敏感，我随机访问了一位20多岁的女孩。

我问："这家店的果茶味道很好吗？"

女孩说："不知道。"

我问："那你为什么排队？"

女孩说："看到这么多人都排队购买，我想果茶味道一定不错。"

你走进一家餐厅，发现里面坐满了人，还有顾客在排号等候——这个时候，你已经默默地在内心给这家餐厅打了高分。"这是一家不错的餐厅"，你确信自己的选择是正确的。

相反，你走进一家餐厅，发现里面冷冷清清，除了服务人员，没有几位顾客——这个时候，你认为这家餐厅肯定不怎么样。

事实上，这其实可能就是同一家餐厅，菜品、环境、服务都一样。而你依照现场的“人气”对它做出了主观判断。

看了上面的几个小案例后，你一定要明白：做商业，“人气”真的很重要。消费者是独立的个体，却处在社会人群当中，他需要参照物来证明自己选择的正确性。

《消费者行为学》一书中这样解释：群体中的每个成员还承受着一种压力，这一压力驱使他们去购买受到群体认可的东西。我称之为“大众趋同”心理，即单个消费者会受到消费现场他人的影响，人气成为该商业体的“群体背书”。

我在研究中还发现了一个更有趣的现象，现场人气、氛围会改变消费者对产品或服务的体验——群体对个人消费者形成一种心理暗示，这一心理暗示能够有效改善体验，甚至使人忽视体验中的细微瑕疵，使用户评价略高于事实本身。

不仅线下消费中存在这种现象，线上消费更是如此。消费者在网上选择购买商品或服务的时候，更关注“销量排名”，而且还要打开客户评论，去查看别人对该店铺和产品的评价。

很多商业业态的现状是：人气越高，生意越好；生意越好，人气越高。相反，人气低的，如果没有得到有效的改善与提升，生意会变得越来越惨淡。

10. 和客户谈恋爱

有人感叹，营销是一件复杂的事。那你有没有谈过恋爱，你觉得谈恋爱复杂吗？有人感叹，做营销很累，那你觉得谈恋爱很累吗？谈恋爱明明是浪漫、令人开心的事。好，让我们来看看营销者应该从谈恋爱这件事上学点儿什么。

恋爱的四个层面，即“注意—认同—喜欢—依赖”，同样适用于营销。

在茫茫人海中，你遇到了心仪的对象，首先要做什么？引起对方的注意。以自己的颜值身材、装束打扮、风度谈吐、思想才华等引起对方的注意，获得初步的印象、好感，以及更多的交流机会。

以一个电影片段为例，美女看到帅哥，故意丢掉手帕让帅哥捡到并追过去——这叫设计机会。帅哥看到美女，故意踩了美女的脚，然后道歉并自我介绍——这叫碰瓷搭讪。营销者呢？如何让消费者在千万种产品里发现你的产品？可以是外围的广告宣传、品牌塑造，也可以是现场的堆头摆放、促销活动，通过标新立异、奇妙创意引起受众注意。这是一个注意力营销时代，你只有被注意到，才有成交的机会。

引起注意后，接下来是获得认同。恋爱中的人，个子矮的垫增高垫，腿粗的穿紧身裤，掩藏缺点，展示优点（有时候是夸大自己的优点），说对方喜欢的话，做对方喜欢的事，一切顺着对方，一切以讨对方欢心为原则。营销者则可以找出竞品的缺陷，充分展示自己品牌的优势，琢磨透用户的心思，找到他们的痛点，通过产品和服务解决他们的问题，增强用户的认同感。

接下来是喜欢。既然喜欢，相互钟情的男女浪漫相处，形影相随。而从营销上看，喜欢了就意味着成交，业务就达成了，用户将产品拿走，在使用中感受、认知。

成功的恋爱是形成依赖，彼此的依赖。有首歌唱道："不能没有你……"成功的营销也是如此，让用户对你的产品或者服务产生依赖。依赖不仅是对产品本身的，还围绕着这个产品的各种要素，比如文化、品牌力量、持续关怀等。如果用户对你的产品或服务产生了依赖，还会持续购买你的产品或服务。这就是人们常说的“品牌忠诚度”。

最后是持续地精心呵护、不断地创造新鲜感，让爱情长久。而营销者需要不断改进产品与服务，不断创新迭代，适应用户与市场的新需求，这样用户才能对企业“不离不弃”。

11. 让每一位顾客都成为回头客

潘先生开了一家小饭馆，就是常见的那种特色菜馆。店面装修是原生态风格，显示传统气息。各个餐位之间使用仿篱笆墙的造型，搭配藤蔓等绿色饰品点缀。座椅是过去那种民间的矮方桌和马扎。潘先生小店的菜品经济实惠，特色突出，如糖醋鲤鱼、三鲜乱炖等很受消费者欢迎。

现在潘先生遇到的困惑是：很多老顾客在这里频繁光顾一段时间后，就再也不见身影了。他也曾征询过这些顾客的评价，他们对环境、菜品还是比较满意的。但是为什么这些顾客不再来了呢？店家需要不断地开发新客户，这样生意才做得下去，潘先生感觉太累了。

实际上潘先生菜馆遇到的问题是一个常见的问题，也让很多其他经营者头疼，比如服装、啤酒、饰品、蛋糕等经营者，甚至是快捷酒店经营者。在外出的时候，也许过去你一直喜欢选择如家，现在喜欢选择汉庭，过段时间又不知会喜欢选择什么。

顾客忠诚度，是顾客对企业及产品服务在较高满意心态下形成的依赖，从而促使消费者不断重复消费。各行业不同，顾客忠诚度也有很大悬殊。比如男装比女装的顾客忠诚度就高出很多，一位男士可以数年选择同一品牌的运动鞋，却少有女性多年选择同一个牌子的服饰。在对消费者行为的研究中发现，女性消费者从多样性选择上所获得的满足感甚至会超过购物本身。

顾客的流失，主要有以下几个方面的原因：

（1）竞争对手给消费者提供了更多、更新颖的选择机会。

（2）消费者自身喜新厌旧的本性，促使他们进行新的消费尝试。他们会说："为什么不换个牌子试试呢？"

（3）消费者个人的成长因素。比如一个人从少年步入青年，他就放弃了吃雪糕的习惯，而变成了喝咖啡。还有一部分人是随着收入增加或事业成功，而选择更高层面的品牌。

（4）企业产品或服务的波动影响了顾客的选择。如果产品质量或服务变差了，顾客不流失才怪呢。

事实上，越是品牌众多、竞争激烈的行业，越容易流失顾客。处在品牌三角形最底端的企业品牌，很多甚至还称不上是真正意义上的品牌。越是靠近上端的品牌，顾客对其的忠诚度越高，越是在底端的一般品牌的顾客流失会越明显。在这里，也可以看出为什么企业要把品牌建设放在战略高度的重要位置上。

从顾客忠诚度的概念上可以看出，较高的满意度是顾客形成忠诚的关键因素。这就要求经营者在提供产品、服务的时候，给顾客创造完美的体验，使顾客形成一种持续、长久的消费惯性和心理依赖。

当然，强大的品牌影响也可以提升顾客忠诚度。你会发现，一位消费者10年间一直是麦当劳的顾客，经常去吃那些在外人看来并没有多少变化的汉堡，喝着似乎味道永远一样的可乐。

另一种有趣的发现是，在一些强大的品牌的消费群体中，也未必有很多回头客。它们只需要让所有仰慕自己的人进行一次尝试就足够了，而由此产生的现象就是络绎不绝的客源。我在天津就听过当地人介绍狗不理包子：“无论天南地北的人，只要有机会到天津，都会想去尝一尝。”人们慕名而来，以此次消费行动为这个品牌体验画上一个句号，似乎不枉此行、没有遗憾。

我们来看一下顾客管理与经营结果之间的关系。商家在经营过程中会不断地吸引新顾客首次消费，并逐渐积累一部分相对稳定的客源，同时由于种种原因也会流失一部分顾客。假如顾客流失的速度超过了积累的速度，商家就会走下坡路，终有一天会从兴盛跌落到衰败。相反，假如顾客积累速度超过流失速度，生意就会上扬，从而保持兴盛不衰。在这个顾客结构不断调整和变化的过程中，一些忠诚度较高的顾客形成了稳定客群，成了商家的铁杆顾客，我将这个称作“客群优化”。经营者要善于进行客群优化，把优质顾客留下来，这样才能支撑起企业的未来。

经营者除了做好最根本的产品和服务外，还要与顾客形成有效连接。连接的目的是：让顾客不断地记起你。商家要做有心人，注意收集顾客资料，包括姓名、联系方式、爱好、生日等。连接的方法有很多种，如邮寄贺卡、送上生日祝福、举办节日聚会、赠送消费券、通过电话或微信进行回访等。

营销策略要针对不同的顾客制定，这样才更有针对性，所以要对自己的顾客特性有充分的了解。“创新体验”便是重要的策略之一。因为每个人都有喜新厌旧的本性，所以商家在保持核心竞争要素的基础上，要根据顾客的喜好进行细微调整。潘先生的餐馆可以保留最受欢迎的主打菜，其他菜品依据顾客需求、季节变化等进行改进、调整和创新。在店面、吧台、灯光装饰，甚至是点菜单、桌布这样的小细节上，适时更换和调整。用小变化给顾客带来小惊喜，制造永远的新鲜感，使顾客一直尝试新的体验，减少顾客因重复消费产生的厌倦心理。

“让每一位顾客都成为回头客”，一个简单的营销理念，做起来却不简单。细节决定成败，顾客对商家有所期待，商家就应当超越这个期待，做得更好、更完美，这样才会把顾客存量的加号拉长、减号缩短，形成良好的发展态势。

当你拥有足够数量的稳定客源时，这些老顾客除了给你带来持续收益外，还会给你带来更珍贵的口碑传播。他们会把美好的消费体验分享给亲人、朋友，并影响他人来对你的产品或服务进行初次体验。那个时候，你就已经不是一个人在战斗了，企业成了一个平台，由老板、管理者、员工、供应商和顾客共同支撑发展。

当然，如果你的产品或者服务出现了问题，在这个具有分享特征的时代里，你就遇到了最大的危险。因为，每个人手机里的微信、微博、抖音短视频等，都是信息源。顾客也会把不良体验分享出去，给你带来差评。差评一旦引发受众共鸣就会演变为舆情事件，危及你苦心经营的品牌。

12. 变异的物种

一位互联网研究者最近出新书了，该书与其他书籍不同的是，预订者的名字将被印制在封面上。他一贯的颠覆风格总是让人耳目一新。

这让我想起另一位做食品的创业者。他把包装的外壳纸袋，预留出了空白，为批量购货的客户定制专用的广告位。这样一来，馈赠礼品同时增加了广告宣传的功能。

一家商业银行为我组织了一次书友见面会。我被热情的读者包围着，一位帅哥挤过人群来到我面前说："郑锋老师，请您吃糖。"现场有送鲜花的、送水的，怎么还有送糖的？我拿过来一看，眼前一亮。这是一枚小小的糖果，但是外包装上印制着姓名、联系方式以及业务范围。原来，这是一个"变异的物种"，一张创意名片。很显然，因为这个小创意，我在人群中记住了这位姓刘的年轻创业者。

产品有它的基本属性和功能。很少有人愿意去开发、挖掘它的其他属性和功能，因为那样很费脑筋。只有那些能透过产品看到它背后用户的智者，才有可能延展产品的用途，把呆板的东西变得有趣，创造更加丰富的使用体验。而只有这样，才意味着开发出某种与众不同的机会。

13. 创意其实很好玩

某县城的练歌房基本集中在一片区域。春节期间，放假的年轻人喜欢约三两个好友去练歌房纵情高歌，这意味着练歌房一年中的旺季的到来。为了争夺客源，各家练歌房纷纷推出特惠政策，派员工到街头送券揽客。这种券名曰“欢唱券”，有的标明免费欢唱1小时，有的还赠送果盘、啤酒，促销花样繁多。一时间，娱乐行业龙争虎斗。

有一家练歌房却没有参与送券的行动。它默默地在店门外打出一幅醒目的广告：所有欢唱券在本店均可使用！这招厉害，通吃对手们绞尽脑汁推出的优惠政策，显露出一种王者霸气。

创意，使营销变得很好玩。逢山开路，见招拆招，或借势而为，或造势而上。那些奇思妙想在实践中显现出智慧的光芒。而这背后，一定有创意产生的逻辑。

20年前，我创意的一则平面广告拿到了全省大奖。报纸的一个整版，三幅独立的图片，幼芽、小树、大树，下面是一个蛋糕两支蜡烛。文字是某某公司两岁了！评委的点评是设计简洁，主题鲜明，视觉布局精巧，品牌印象深刻。

有一年，我们团队为某服装节做策划并参与实施，邀请模特到现场拍视频做前期的预热宣传。几位美女站成一排，每人手里拿一块牌子，每块牌子上写一个字，这些字组合起来是“某某服装城约吗”。在拍摄视频的时候，我突然来了灵感，把最后一位美女换成了一位男性丑角。拍摄方式是水平摇动，一个人一个人地进入镜头，最后是那位“丑”大叔。这则视频通过微信进行传播，收获了数十万的播放量。

一家企业计划投放山珍干果的年货礼盒销售广告，选了汽车音乐广播的某一时段。录制音频的时候，我告诉他：“用本地话录制，越土越好！”后来他们照我说的去做了。开车的时候，人们实时观察路况，还要肢体机械操作，所以听音乐通常使用潜意识。广告在播放，人们听到的一般都是普通话，中间突然出现一段本地话广告，十几秒过去，下一段广告又变成了普通话。毫无疑问，这段土话广告成了人们印象最深的信息。最倒霉的是紧挨着这段土话广告的两段广告，因为，当这段广告被聚焦时，与它距离最近的广告反而成了参照物。

类似这样灵感突现的小案例我做了很多很多，数不胜数。常有人问：“郑锋老师，你为什么会有那么多奇特的想法?”其实想想，我也没什么天赋，只不过一直在思考这个领域的问题。想得多了，做得多了，也许就找到了创新和创意的密码。

14. 病毒来了

早些年，必胜客曾推出过一款28元的自助沙拉，但是顾客只能盛一碗。顾客抱怨一只碗装不了多少东西，总觉得吃了亏似的。突然，一封题为“吃垮必胜客”的邮件引发了大家的兴趣。里面介绍了盛取自助沙拉的好办法，巧妙利用菠萝块、胡萝卜条、黄瓜片搭建更宽的“碗边”，从而堆出七层高的沙拉塔，文章还配有真实照片。

这封邮件对“吃货们”来说是何等重要。他们马上把邮件转发给朋友，而且很快就结伴出现在必胜客，按照这个方法实践一下。体验之后，更多的经验被总结出来，并通过互联网分享给更多的人。人们一边热烈讨论如何“吃垮”必胜客，一边涌入必胜客实践，却不知自己已经成为这次“病毒营销”中的一环。

这个案例中的“病毒”负载的是信息，更加高明的是有些经典的产品自身就具有“病毒”性。当你使用了某种产品后，不由自主地就将其分享给了朋友，或劝说朋友购买，因为你确信这对朋友来说是一件大好事。风险投资家彼得·蒂尔曾在书中描述：如果产品的核心功能可以鼓励用户邀请其他朋友成为用户，那么这个产品才能进行病毒式营销。

病毒式营销，我给它的定义是——通过营销设计中的病毒源，触发公众兴趣及参与感，并引起不断复制、扩散的一种现象。其结果是实现品牌传播与销售的倍增效应。

这里所说的设计一定是基于人性的。一是产品或信息的价值，因为有价值，他才会迫不及待地分享出去。二是简单的主题与传播渠道，使所有人都能一目了然、不费吹灰之力便可扩散。三是持续的扩散性，只有针对相当数量而且目标清晰的群体，这样传播才会不断蔓延下去。

一般而言，相比于传统营销模式，病毒式营销的成本更低。它最大的成本就是“烧脑”。

15. 让内容插上翅膀

网络上的一篇文章、一组图片，或者一段视频，大部分都会被淹没在海量的信息流中。但也有一些内容像长了翅膀一样，被无数次地打开和分享。

移动互联网的传播，已经成为企业营销或品牌推广的重要渠道。从专业角度去判别一个内容的传播质量时，外在要看它的传播速度、广度、互动性和参与性，内在要看它是否具有自驱动力。

什么是自驱动力？自驱动力就是内容暗藏的使受众主动转发的“魔力”。我总结了一下，大概有以下 7 种情况：

（1）关系点：“铁粉”转发。并不是所有的“粉丝”都会转发你的东西，只有那些坚定的“铁粉”才会。所谓“铁粉”是具有高度黏性的受众。对发布者或创作者的敬仰、信任、熟知，都会驱使其主动转发。

（2）权威点：政经快讯。对于涉及政治经济领域的大事件，受众会在第一时间转发。受众的转发行为在向人们传递信息的同时，也在暗示大家，自己是权威。

（3）时效点：突发事件。对社会性题材、突发性事件内容的转发，契合了每个人都希望成为信息源的内心诉求。

（4）观点：高度认同。对内容观点的高度认同，使受众愿意主动传播。他们试图通过分享，来附加传递自己的观点。

（5）笑点：非常有趣。受众如果觉得内容非常有趣、有意思，或者出乎意料，那么转发分享的概率就比较大。

（6）泪点：触动情感。人的内心其实脆弱而敏感，一旦有东西直击心灵，触动内心深处，代入感就会驱使他们主动转发。

（7）价值点：比较实用。无论是养生、医病，还是防盗、鉴别真假，如果觉得内容对自己的生活有指导意义，或者对朋友有价值，他们可能就会分享。

16. 抖音世界里的一次集体狂奔

2018 年 8 月 27 日，成都春熙路，一位小姑娘偶遇街头随机采访，很自然地说了一句话。随后这段视频被上传到了抖音。意想不到的是，短短十几个小时，其播放、点赞、评论、转发等数据迅速攀升，很快进入热搜榜，成为热门话题，最终形成一股强劲的视频模仿风暴，成为以抖音为主、互联网各平台网友助推的现象级事件。

美国气象学家洛伦兹提出了一个观点，他说，亚马孙河流域热带雨林的一只蝴蝶扇动翅膀，会掀起美国得克萨斯州的一场风暴。蝴蝶翅膀的运动，导致其身边的空气系统发生变化，并引起微弱气流的产生，而微弱气流的产生又会使它四周空气或其他系统产生相应的变化，由此引起连锁反应，最终导致其他系统的极大变化。这就是著名的“蝴蝶效应”。这位 ID（账号名）为“你的小甜甜”的小姑娘的一句话，引起了数以万计的关于爱情婚姻的热烈讨论，以及对当下生存哲学的思考。

抖音上的街头随访节目——《成都最街访》，发布过二十几条短视频，有点儿意思，但是不温不火。那一期节目组采访了小甜甜。估计在那一刻，节目组怎么也不会料到，一天之后，节目会成为网红节目，小甜甜会成为拥有500万粉丝的超级网红。

主持人问小甜甜：“你觉得男人一个月多少工资可以养活你?”

小甜甜略带腼腆地回答：“养活我啊，嗯，我觉得，能带我吃饭就好。”说完莞尔一笑，然后是音乐声起。

这种奇迹也只有在互联网上能够发生。十几秒的视频发布后就稀里糊涂地火了，而且火得一塌糊涂。不知道是男人们被虐心了，还是被暖化了，大家众口一词，都要去成都春熙路找小甜甜。然后网上出现了各种奔赴成都的小视频，有的开着车，有的乘飞机，有的坐火车，有的骑着马，还有步行的。视频的配乐，一致采用了网络上那首铿锵有力的“抢婚战斗曲”。据说，他们都是为了去请小甜甜吃饭，据说，去成都的交通都拥堵了……除了抖音，微博、微信等各大互联网平台上的网友也都骚动了起来。事实上，真正踏上行程的人并不多，但这却是抖音世界里的一次集体狂奔。

在互联网上，要火起来其实并不容易，带有一定的偶然性，因为它需要触发大众的情绪认同。当下，一些女孩子的拜金主义显现，给背负生活压力的男人们增添了更大的压力。这个时候，一位样貌清纯的女孩子出来说“能带我吃饭就好”，触动了男人们内心深处最柔软的部分，他们甚至又开始相信爱情了。

这就是互联网，不同于琐碎而又坚硬的现实生活的另一种生态与场景。

17. 别把营销事件变成“营销事故”

某商场征集女员工裸奔，这件事在网上立刻引起了轩然大波，有关部门介入调查并开出罚单。随即，该公司公开致歉，策划人员被停职。

这个时候，商家用个人行为、管理不善等托词来解释，但都无法掩盖一个真相：这其实就是一次营销策划！但是策划定位有严重问题，导致该事件传达出了歧视女性、歧视员工等不良信息，造成了大众心理厌恶，触及了社会道德底线，引发争议，造成了不可挽回的恶劣影响与后果。

在营销策划中，有一个词叫“事件营销”，我一直以来都对事件营销有所研究。事件营销是企业通过策划、组织具有影响力的事件，引发社会关注，提高企业或产品知名度的一种营销方法。它同时兼具广告特性和新闻属性——广告特性是指事件含有企业或产品的信息，这些信息不在聚焦点上，而是暗藏在事件背后；新闻属性是指事件具有特殊性、传播力、关注度。

企业之间的竞争越来越残酷。在这个信息多元的世界里，企业如果能够有效地吸引受众的注意力，无形中就获得了更好的商业机会。好的事件营销，都是经过精心策划后细致实施的，能够起到事半功倍的作用。它成本小、传播快、互动性强，能够短时垂直提升企业或产品品牌影响力。

但同时，事件营销也是一把双刃剑，若有偏差，舆论把控难度较大，很容易对品牌造成损伤。在策划流程中，事件营销定位、选题是基础工作，可以考虑娱乐性、特殊性等元素，但要保持正向的价值观，这是起码的要求，也是一条不可逾越的红线。有些企业单纯为了吸引眼球，策划定位严重走偏，那么做出来的事就成了挑战道德底线、有伤风化的恶俗炒作。

18. 广告受众心理

广告受众即广告覆盖的群体。谁能看到或听到这个广告，谁就是这个群体中的一员。当然，这个覆盖群体中最值得媒介和广告主关注的是目标受众。

但是，我们不应该站在广告主或者媒介的角度试图去探究受众，因为那样只会使研究陷入平庸化和表面化。事实上，无论我们是否从事营销或者广告工作，在实际生活中，我们都是广告受众、普通的消费者或潜在的消费者。

那么，让我们静下心来回忆一下对广告的认知。声音的、图像的、平面的、立体的……生活中无处不在的广告对我们产生了什么样的影响?

回忆的结果会使很多营销人恍然大悟：大多数人在潜意识里对广告都或多或少地存有抵触情绪，不自觉地形成了一种意识抵抗。为什么呢？因为大多数人对于广告信息是处于被动接受状态的。走在路上，看到了户外广告；阅读报纸新闻，看到了文字图片广告；收看电视节目，看到了视频广告；浏览网页，看到了弹出的广告；打开客户端，看到推送广告条；等等。受众的行为目的并非看广告或者听广告，反过来说，广告是强加给受众的信息，对于一个以休闲娱乐或者获取知识为目的的人来说，广告信息是具有“侵略性”的。这些广告无孔不入、挥之不去，使得受众产生抵触情绪。其心理语言表述是“我不想看广告”“我不要看广告”，甚至是“我讨厌广告”。

每个人都有渐进式的记忆，不断地重复就会形成深刻记忆。这种心理特征使广告说服一般受众成为可能。尝试着让暂时没有购买需求的人去记住品牌，为今后的购买埋下了伏笔；而激活受众需求，对广告主和媒介来说更具挑战性，也更有实际意义。为了减少受众的意识抵抗，应该尽量减少直接劝说的成分，而尝试与受众进行情感沟通的广告形式。

广告行为与一般受众心理变化如下：接近受众—（潜意

识抵抗）—软文化介入—（意识平稳）—（模糊记忆）—说服—（加深记忆）—再说服—（接受广告）。

一部分人是专门为了某种即时需要来注意广告信息的。他们接触广告就具有主动性。比如，某人计划购买一台空调，他就开始有意识地注意空调广告，甚至会延展到电器类广告。他的大脑将相关的信息收集、储存、比较，他还可能对产品进行实际观察体验，最后经过分析做出选择。其心理语言表述是“我需要看广告”“我看广告”，进而是“我很想看广告”。

目标受众心理与广告行为变化如下：信息需求—（广告发布）—信息初选—初步记忆—（说服）—分析比较信息—（再说服）—接受广告。

还有一些人看广告出于另一种需要。他们对于广告的审视并不在于广告内容，比如喜爱艺术的人单就广告的某一设计进行品评。他们根据特殊爱好将其中的广告成分过滤后欣赏。这样广告就失去了本身的作用。一般来说，这类受众对广告的心理语言表述是“我在看广告中的另一面”。

从以上情况可以看出受众基本的心理反应。想通过最好的广告形式达到最好的效果，必须最大可能地瞄准目标受众。就像魏特·哈布斯关于“文案策略”所做的阐述：放弃了去达到每一个人的努力，我们学到了要是对特定的“某人”去说某一件事会更好。他说的“某人”就是指目标受众。目标受众本身有需求，我们的广告应该从关注消费者心理的角度出发，通过具有震撼力、冲击力和亲和力的劝说形式，一举实现广告意图。

19. 广告的本质是诉说

广告应该以什么样的姿态来面对公众呢？我想，广告，其实就是一种诉说。任何传播形式，都是对人们进行诉说。当然，这个诉说是有“劝说”意图的，但无论如何，脱离不了诉说的本质。也许有人会反驳说：“有的广告是非语言形式的。”要驳回他的反驳很简单，一个人不说话时可以用眼神来交流，或者用手势，但你能说他不是在诉说吗？我们把广告所采取的姿态认定为诉说，我们的脑海里就会出现以下几个问题：

为什么要诉说？

因为我们是广告人，我们所受的训练就是思考和诉说。我们受到委托，向人们推介委托者的产品、服务或者观念。我们应该庆幸自己把它认定为一种诉说的姿态，这样就会尽量避免使用生硬呆板的形式和面孔对待受众。我们情感化的诉说和理性的推介使我们更像一位生产经营者和消费者之间、供应商和采购方之间、广告主和受众之间的使者。我们明确地知道他们各自需要什么，我们所要做的就是用诉说的方式来传播和扩散，为他们搭建一座信息的供求平台，让来自各方的思维在这里交汇，并产生一系列的反应，进而促成实际购买行为的发生。

对谁诉说？

有些广告人的观点认为，广告是谈话。不，广告不是谈话。谈话是双向的，而我们只能靠自己诉说——尽管我们心中有他们，但是我们看不到对方，因此广告也许要比谈话更加困难。我们是主动的一方，要针对可能的受众，针对需要这些信息的人，针对潜在的客户。我们在进入正式的诉说之前，应该明确我们“向谁说”，这样才会达到预期的效果。假若我们选错了对象，即使我们使用经典的语言，我们的诉说也不会产生多大效果，整个广告也会因此而失败。我们必须为此划出一个界限，找到诉说对象的性别、年龄段、经济支配能力、文化层次、消费喜好等相关背景资料。当我们很肯定地知道了要说给谁听时，我们才会变得从容，并会考虑该怎样说才能得到更好的回应。

我们应如何诉说？

由于资金投入的限制，我们不可能有太多的版面或时间，所以这需要我们倾尽智慧，把有限的诉说变成一种力量！这是一个复杂的过程，我们需要体会“现场”，需要掌握第一手资料，需要从那些纷杂的资料中找出产品或服务的真正特点，需要知道对谁诉说，需要知道受众的所思所想。然后，我们需要调动大脑进行思考，这样才能在经验中收集可用的东西，在碰撞中产生奇思妙想，在激情中实现一次次创新……

这个时候，我们能够想象这样一种场景：我们站在演讲台上，下面是鸦雀无声的听众，时钟的秒针“嘀嗒嘀嗒”响着，我们要用简短的诉说打动他们。这就要求我们找到一个非常有力的切入点，瞬间抓住听众的心。好的诉说要有好的创意，让人心动的创意；还要给他们一个相信我们的理由。在诉说中，除了技巧，还要有真挚的情感。一定要坚信，我们付出的创作情感他们能感觉到，我们推介的产品和服务品质他们能感觉到。倾尽心智地精彩诉说，就会赢得长久的掌声——来自委托者，更多的则来自听众。

其实这就是成功的广告。我之所以把创作的整个过程用“诉说”来描述，而且未加入任何的范例，是为了让这个过程变得更加清晰可见。其实，在这个观点的整个表达过程中，我也使用了“诉说”。

20. 广告中的美感

广告是什么？众说纷纭。我认为通俗、顾名思义的解释是：广泛的告知。它体现出三个基本特征：传播性（存在形式）、诱导性（感知过程）以及说服性（目的）。

一则成功的广告作品，还应融入艺术性，带给人美感。艺术成分实则是广告的表现手法，在合法、真实的前提下对广告进行艺术加工和处理，能促使人们更容易接受广告的说服。

美感在广告中有何意义和作用呢？美感是人们对于美的感觉和体会。一朵花、一首诗、一张面庞、一个姿势、一句动听的话等，无不悦目娱心。对广告美感的评价来自广告受众，即面对广告的人，但评价不需要受众有太高的素质，不需要受众对广告中的美深挖细嚼，不需要受众像专家或艺术家一般分析评论。正如不会唱京剧的人一样可以去听或看京剧，人们可以根据个人素养来决定是看表演还是看情节抑或是听韵味。只要受众面对广告时，能捕捉到美，不觉疲惫乏味就可以了。每个人都会根据自己的喜好吸收其中所需的那部分。有些广告惯用“某某企业为某类企业，产品质量可靠，曾获某等奖杯、奖牌，畅销海内外……”词句，这样的广告显然没有美感，甚至会让受众产生厌恶心理，很难让受众接受。

不成功的广告大致有以下几种：一是居高临下，板着面孔说教，使人觉得不像广告而像通知；二是通过大量文字或语言介绍产品或企业，并不关注人们的反应，令人产生枯燥、乏味感；三是故弄玄虚，使人不知所云；四是脱离实际，危言耸听，使人产生不信任感。凡此种种，正是忽略了艺术这一最容易和大众沟通的形式，忽略了大众接受广告时的朴素心态。

没有艺术表现力，就不会产生美感，更不可能打动广告所面对的各个层次的受众。这类广告仅仅成为一个过程，在左右客户的购买选择上毫无意义。不难看出，广告需要美感。从某种意义上讲，美感决定着广告效果。

如今，各种传统媒体以及互联网载着各式各样的广告铺天盖地而来，市场竞争带来了广告竞争。这里所说的广告竞争，不仅是指企业之间占领市场的广告宣传攻势的角逐，更多的是指大众对如此之多的广告的选择——这是一种潜在的却又是最实际的竞争。成功的广告在众多的广告中脱颖而出，吸引人们去欣赏它们，而后储存在人们的头脑中，并在人们的消费意识中起提示作用，最终可能达到驱使其购买的目的。这样的广告便是广告竞争中的赢家。

巧妙的创意，将广告主所要表达的事物附加上艺术的情感，来叩响人们的心扉。只要心弦被拨动，他们就会从内心认同这则广告，在得到美好享受的同时，欣然接受善意的告知。这样的效果是潜移默化的，其印象自然而深刻。因此我们有理由认为，美在广告中的作用不容忽视。

如何在广告中融入艺术，使之产生美，并通过视听将这种美传达给人们呢？我认为，创作之前，要先细致地了解所要推广的内容，划出属性，再结合所分析的主要（可能）目标受众，设计一个符合该产品特点且为这个群体所关注的广告形式和艺术形式。

要创造广告美，需要在以下表现手法上下功夫：

一是运用文学化（诗化）的语言文字或画面，从感情的角度入手，塑造感性美。

二是以大众化的口气、朴实的叙述，营造纯朴敦厚之美。

三是用流畅、简洁的情节，制造寓意丰富的理性美。

四是以广告主的形象，以真诚许诺表现诚实美。

五是采用艺术空白让人们去展开想象，感受自然美。

广告的美不胜枚举，应根据具体内容和发布形式而定。

当然，这并不代表我赞同广告完全艺术化。广告毕竟是为实现广告主的经营意图而创作的，不能因为过分强调美感而偏离广告主旨。也就是说，再美的画面，再美的语言文字，如果只是让人单纯欣赏其美，而没能达到广告效果，则仍不能算是成功的广告。

21. 注意力

广告无处不在，如何用好的广告向顾客兜售你的理念、你的品牌、你的产品与服务，一直是创业者思考的问题。在传播渠道和营销方式多样化的今天，想让人们被你的广告打动，还真不是一件容易的事。

如果不能用令人尖叫的创意、别具一格的文案与设计吸引人们的目光，那么，你的广告一定是被淹没在浩瀚如海的信息中了——毕竟，这是一个聚焦注意力的事情。

“其实你在银行有1000万元的存款。只不过，你忘记了取款密码。每输入一次密码需要2元，一旦正确，钱，就是你的。不着急，不放弃。心若在，梦就在。”这个创意让一个原本普通的彩票广告增加了无限的乐趣，并在社交媒体上被广泛转发，获得了海量的阅读。

想做好的广告一定要记住这些关键词：意想不到、突兀、有趣、感性、代入感。广告是让潜在客户看的，不是让你自己看的。所以，你做广告时自己满意不满意一点儿都不重要，重要的是受众的感知！同时，广告并不止于投放的那一刻，它必须是整个营销线上的一个点。也就是说，想让广告有更好的效果，必须将广告置于整个营销策略当中。有一家名不见经传的小公司，花几万元租了一个广告位，先是打出“此广告位 100 万元招租”，这一广告立刻引发了人们的广泛关注，人们拭目以待。过了一个多月，这个广告位换成了这家公司的品牌广告，这家公司立刻声名鹊起。

传统媒体的广告，也开始趋向于更加个性化的策划与设计，在权威性的基础上，增加吸引受众关注的要素来改善广告效果。网络广告（包括 PC 和移动端）的形式非常多，与传统媒体广告的区别在于网络的开放性和广告形态的多样性，同时还可以通过后台的技术手段完成对广告投放人群的定位及对投放效果的数据分析。网络广告能与受众互动，促使受众积极参与其中，网友甚至可以通过点击实现对此类广告的翻阅和延展，从而获得更多的交互体验。在受众的这种体验中，广告所传播的信息和观念被强化。

广告板起面孔说教的时代已经过去，所以，你的广告一定要体现两个字：好玩！好玩的广告才能吸引注意力，才能起到推介的作用，然后，才能给你带来流量、带来客户。

22. 慎重投放广告的十种情况

如果你是广告主，我建议你在以下这十种情况下护紧你的钱包。因为你的目的很明确，通过广告获得更多的关注，获取更好的声誉，获得更大的利益。想做广告，就要做最好的。就像一位广告人说的那样：没有好的广告，你就不要去做，因为所省下来的钱还是你的。

第一，没有深入的调研和对市场的了解。

第二，没有对广告投入和收益进行预估。

第三，没有完善的广告策划。

第四，没有优秀的创意文案。

第五，广告成品不能打动你。

第六，对广告的执行没有把握。

第七，产品或服务与广告所表达的内容有差距。

第八，不能做到广告与自身营销的紧密配合。

第九，没有广告投放后的信息反馈渠道和方法。

第十，不能保持检验广告效应的耐心和信心。

23. 推销不要成骚扰

前段时间，我突然收到一位钢结构企业董事长发来的微信：某瓷砖店在搞优惠活动。这条微信着实让人纳闷，以我对这位兄长的了解，他不会轻易给别人发这样直白的广告。我当时的判断是“被营销了”。

果然，第二天他就在朋友圈予以声明：“有位朋友说有个微信推送神器，他想教我怎么用。我好奇，扫二维码一试，结果把带有广告的微信内容群发给了所有朋友，我这才意识到可能对朋友造成了骚扰，透支了信任……”

这事之后没几天，一波“加油站”微信广告强势袭来，我收到了多条某加油站降价了、有优惠等广告信息。听说那家加油站就使用了广告发送神器，客户扫二维码支付的时候，就把广告群发出去了，神不知，鬼不觉。

这样的营销推广，看上去成本小、传播速度快，但我持有不同意见。如果商家在使用这种推广手段的时候没有明确告知其传播方式和内容，消费者就会有被欺骗的感觉。这种软件如果被投诉到平台，甚至可能被判定为“流氓软件”，因为它会对微信好友形成骚扰，使用户产生不良体验。

事实上，我们生活在一个营销过度的商业社会里。电话推销、陌生人拜访、社群营销、微信营销，各色“销售战队”频频出奇招。

营销本身是没有错的，企业通过营销手段可以推广企业与产品品牌，与潜在客户建立连接，但是它有一个底线，就是不能对顾客造成骚扰。一旦顾客感觉到被利用、被骚扰，你的营销就会被防备、被抵触、被排斥。营销者应该研究消费者的需求，以及他们的喜好、行为特点，让他们在愉悦的状态下接受你传达的信息、提供的产品或服务。

24. 社群到底怎么玩

互联网催生了新的社交模式，移动互联网社交平台频繁升级与更迭，日新月异。从早先的微博的弱关系，到后来微信的强关系，再到当下今日头条的内容社交，它们把人们从那边拽到这边，又从这边拽到那边，整个轨迹是“惊喜—痴迷—降温—理性”。所谓时尚的东西，往往只有几年的生命周期。

谈到社群，就不得不聊互联网。我理解，社群就是互联网生态下的自发集结圈层，可以是贴上地域、爱好、行业等不同标签的群体。

现在想想，当初向别人炫耀自己有几十个群的群主玩得怎么样了？除了一些高质量群，很多群其实已经半死不活了。这里面有几方面的原因：一是信息过载而产生的疲惫；二是垃圾信息所导致的抵触情绪；三是社群没有带来价值反而消耗了人们大量的时间。

如果说社群的互联网化是一种时尚，那么线下的交流便是相对传统的。而事实上，“一起见面喝茶聊点儿事情”的效果往往会大于“线上发送文字和表情”的效果。只有线上社交没有线下社交，其实是脆弱的。

我发起组织的一些创业者社群，除了线上的交流，还有很多线下的活动，比如读书会、自驾游、产品品鉴等，大家也都适时互相帮助推介对方的产品，这已经不仅仅是线上的虚拟关系，更是立体的、全面的、人与人之间的社交圈层。

想要做好社群，必须遵循以下几个原则：

一是利他。无论是社群平台搭建者，还是成员，必须发自内心地去帮助别人，为大家提供学习机会、输送价值。道理很简单，如果大家都这样去做，社群的所有成员都会获得价值。

二是有明晰的规则。大家共同遵守规则，创造一个和谐的社群氛围。

三是切忌过度营销。有的成员认为，不营销怎么赚钱？那我可以告诉你，一个正常的社群，不是背街小巷的电线杆，可以随意贴广告。每个人都不希望被营销。如果你真的高明，就不要让大家看出来你的急迫性。

四是做好线上与线下的配合、转换。

当然，这一切都取决于平台搭建者与成员的境界和素质。一个高质量的社群，是智慧集结、资源共享、信息丰富的空间，它为你创造机会、积蓄力量。

25. 免费的背后

有些东西，你只把目光放在某一个时间、某一个局部，就会看不清楚、想不明白。

我在北京参加汽车会展主题活动时，听到这样一个故事，一个人在上海开了间洗车房。这间洗车房比较有意思，专门为100万元以上的高档车服务，而且是免费的。大家想一想，既然是专门洗高档车，那店面装饰、洗车设备、服务水准等，都是有档次的，投资一定不少。

人们不禁充满疑惑，那它靠什么赚钱呢？店家都不着急，我们急什么？慢慢往下看……

就这样，洗车房为高端顾客热情服务、百般照料，果真都是免费的。高端顾客其实也不差这点儿钱，但是能享受免费洗车服务感觉有面子，有优越感。一年多下来，店家积累了很多高端顾客，相互间从陌生变为熟悉，甚至变成了朋友。后来店家接了保险代理的业务，好像还经营了奢侈品买卖业务，这个群体使顺埋成章成了他新业务的客户。

这个店家是不是太聪明了？他让目标客户自动找上门，并产生黏性。积累客群大数据，欲取先予，时机成熟后植入新的商业内容，营销效果就出来了。先前洗车那点儿投入，比起后边的收益，又算得了什么。如果换一种传统的方法去做，去哪里找到这么精准的高端人群，用什么方式和他们发生关系？太难了吧。这种方法叫第三方价值获客，洗车房在整个营销构建中仅仅是个获客工具。

你天天使用微信，腾讯收钱了吗？你天天刷抖音，抖音收钱了吗？好像没有。那它们怎么赚钱？

当今是充满了奇思妙想的时代。如果大家都看到了赚钱机会，会一窝蜂地扎进去。人人都在做同一种生意，还有什么利益？还有什么意思？

其实，天下没有免费的午餐。哪个板块赔钱、哪个板块赚钱，背后都有一套完整的商业逻辑。这套逻辑基于人性，基于创新，基于产业特质与价值链的构建。

四
管理的本质

管理就是管控和激发人性，从而发挥群体的最优效能

1. 管理就是"管人性"

管理和营销，这是企业人士谈得最多的两个话题。我约见了很多创业者，他们的焦虑普遍集中在营销创新上，但是无论如何，营销都绕不开管理。因为，即使你有绝好的营销策划方案，如果在执行环节上打了折扣，那么仍然无法达到满意的效果。

管理到底是什么？基本的定义中这样描述：管理是指组织中的管理者，通过实施计划、组织、领导、协调、控制等职能来协调他人的活动，一起实现既定目标的活动过程。

定义是生硬和枯燥的，那么我们来看看管理大师们怎么说。

科学管理之父泰勒曾说，管理就是确切地知道你要别人干什么，并使他们用最好的方法去干。管理大师德鲁克曾说，管理讲述拥有不同技能和知识的人在一个大型组织里怎样分工合作。

好，我们从理论层面回到实践中。我到很多中小微企业调研过，无论是生产经营环境与秩序，还是财务流程，抑或是团队成员的精神面貌，都存在着这样或那样的问题。这些问题，归根结底都是管理问题。本文刚开始提到的营销策划与执行的层面，都属于营销管理的范畴。

大道至简。需要用一个点直击要害，管理的核心要义其实就是“管人性”。在小微企业基层的管理实践中，我们总结出一句很通俗的话：“管理管理，你不管，他就不理。”为什么？因为人性是极其复杂的。同一个人，他在有些时候表现出正义、热情、勤奋，在另一些时候却表现得懦弱、自私、懒惰。这显现了人自身的矛盾性和多变性。

为了抑制人性中的负面表现，激发人性中美好的一面，增强对公司管理规范化过程以及绩效成果的把控，加强管理是必然的选择。管理人性主要分为两个方向：一是监督和惩戒，以此来约束人的懒惰、自私、投机等不良行为；二是引导和奖赏，以此来激励人的正向行为，如奉献、创新、团结等。如果从这个角度去研究，那么管理者就需要深刻地洞察人性，把握人性的波动点，知晓人性的各种行为表现，并以此作为制度建设、团队建设、文化建设的出发点。

2. 制度没那么复杂

2018 年，一位小型生产企业的老板找我咨询修订公司管理制度的事。我拿过他们的厚厚的制度汇编一看，密密麻麻接近 200 页。

我问他："这些制度你都看过吗?"

他摇摇头说："这么多内容我哪有时间看!"

我又问："执行得怎么样?"

他说："就是因为执行得不好，才请你来看看。"

我说："你是老板，这些制度你都没看完，你相信员工会看完吗?"

……

很多企业制定制度时照搬别人的模板，这些制度看上去结构严谨，其实废话连篇。烦冗的内容让人不得要领，更无法逐一遵循。当然，没有制度是不行的，但是制度的设计必须基于人性。基于人性设计的制度才会显现出强大的力量。

设计制度的原则很简单：能落地、好执行、易监控，能够很好地激发员工的自驱动力。什么是自驱动力？自驱动力就是不需要你拉着他、推着他走，而是他主动往前走。

通俗地讲，我认为制度能解决六大问题——干什么、怎么干、干到什么程度能拿多少钱、干到什么程度能晋升到什么职位、哪些不要干、哪些绝对不能干。

事实上就是这么简单。员工把这些东西看明白、吃透了，你的制度效能就出来了。比如处罚和奖励，做一个表格出来，迟到扣多少钱、产品有问题扣多少钱，生产高效奖多少钱、提合理化建议奖多少钱，让人一目了然。

在制度的具体制定上，应该先做加法，把该想到的都做进去；然后做减法，精简文本，精简烦冗修饰，将不好表述的换成图表。有了简单、易行的制度，然后才能有力的执行。

3. 没有想象力，何来创新力

在一家餐厅吃饭时，出于专业敏感，我即兴提出了几条简单的营销建议，那里的店长立刻摆手说："这个不好用。"

我反问道："你们试过吗？"

店长说："没有。"

我继续追问："你们没试过，怎么知道不好用？"

店长一时无法回答。事实上，我给他提的建议不需要多少成本，只要试一下便可验证效果。

他其实是一位有多年餐饮从业经验的店长。也正是因为这样，他在思考问题的时候，容易陷入经验主义和专业思维的惯性。

过去我们都是这样做的，同行也都是这样做的——这两个维度的比照，得出的结论是"既然没有人那样做，我们也不能那样做"。

然而现实是，没有创新力势必陷入同质化竞争。包括同质的产品、同质的模式、同质的营销方法。在没有差异的商业世界里，竞争激烈，利润微薄，生存艰难。

我很早就说过两句话：一是经验有时候是财富，有时候却是束缚；二是要珍惜大家的胡思乱想，说不定它们会变成奇思妙想。

日本的零售企业大咖铃木敏文就是一位充满想象力的人——冬天卖冰激凌、夏天卖关东煮。他在组建创新团队的时候，甚至要求人员不得有相关的从业经验，新人操盘、无专业限制。他的逻辑是“假设—实践—验证”，即站在顾客的立场上进行假设，不受任何思想束缚，通过实际销售进行验证。

碧桂园集团的创始人杨国强也有个创新原则，即“大胆假设、小心求证”。经营之圣稻盛和夫回忆他创业之初的情形时说道：正因为我是经营的门外汉，所以我反而一下子就看出了事物的本质。

在一所小学的文化墙上，我看到过这样一句话：请保护孩子们难能可贵的想象力。这句话对我触动很大，在和前来咨询的很多企业人士交流时，我常常把这句话拿出来告诫对方。想象力是创新的翅膀，如果没有想象力，你只能看到昨天和现在，却无法洞见未来。

要基业长青，唯有不断创新。可以说，创新是企业的生命力。然而，创新又是何等艰难。那么，创新到底有什么技巧、什么方法呢？从方法上讲，创新有以下三个方向：

一是进行延展式思考，即固定现有的产品或服务核心，从内核和外延两个方向进行延展思考，采取递进式的创新方式。

二是进行逆向式思考，即保持目标不变，朝相反的方向进行思考，寻找可能的更有效的实现此目标的路径。

三是进行颠覆式思考，即打破现有的产品、服务、目标，将其粉碎清零，重新组合相关要素，生成新的东西。

创新的最高境界便是颠覆式创新，它不是模仿、复制与提升，而是从 0 到 1，从无到有。

4. 凤凰涅槃，浴火重生

一个人年轻的时候精力充沛，思维敏捷，敢想敢干；而一旦上了岁数，身体和思维就不那么灵敏了，逐渐失去了斗志和激情。

其实，企业也是这样！

看看那些刚诞生的公司，办公室里经常彻夜灯火通明，团队成员生龙活虎，奔走各处拜访客户，加班开会研讨方案，使命感、荣誉感、压力与动力交织在一起，种种积极的因素驱使这个组织不断创新。

反观大部分的老企业，公司在创始人的带领下，经过十几年甚至是几十年的拼搏，形成了一定的规模，从表面上看规模大了、品牌影响力有了、掌控了一定的市场份额或话语权。但是深入了解，就会发现其中人际关系复杂、传统思想固化、人浮于事。

有家生产企业有20多年的历史了。我去调研的时候，公司老总说："这些问题我们非常清楚，所以也试图去改变这种慵懒、涣散的状况。"该公司试着引进了几位生产管理或技术人才，但是结果更令人担忧了——新来的人要么很快被同化，要么很快被逼出局。这说明企业内部长时间形成了一系列问题，存在特有的不良生态，这种生态将严重威胁到企业的生存，阻碍企业的发展。

一个人的生命必然由盛而衰，所有的灵丹妙药也无法让其返老还童。那么一家企业呢？企业是由人构成的，但它的兴衰是由组织体制和机制决定的。老企业要想焕发生命活力，需要进行彻底的“自我革命”。

要洞察趋势，形成组织变革的战略思考；要全力推动以激发内生动力为目标的绩效改革；要放鲶鱼、掺沙子，让更多的人才进来形成能人效应；大胆启用内部年轻人，打破固有的安逸秩序；要通过深度的、全方位的改革，激发团队的激情，让企业老树发新芽、吐新枝。

5. 聚焦是当今企业的一种战略选择

如果想攀登前方的那座高峰，就不要贪恋路边的风景；如果想迈出矫健的步伐，就要轻装前行。

一位雕刻大师的作品很受欢迎。他在聚精会神打磨细节的时候，并非人们想象的那样轻松挥洒、信手拈来。他常常凝视着未成型的作品，心中充满了矛盾和不安。当人们问及他的创作体验时，他表示：雕刻作品的好坏，其实取决于“去掉的部分”。仔细想来，这句话非常有道理，最终呈现出来的作品，是创作中取舍的结果，是精雕细琢后剩下的那部分。普通人只看到了最终剩下的那部分的价值，而真正实现价值的却是舍弃的过程。

做自媒体的人都知道，账号运营最基本的选项是定位，要定位于某个垂直领域，你的内容都要围绕这个定位去生产、去创作。因为只有清晰、垂直的定位，才会带来平台的优先推荐和精准粉丝的关注。平台和粉丝会为你的账号添加某些标签，财经、娱乐、创业或者健康。

很多人读了一辈子书，虽上知天文、下知地理，成了所谓的杂家，最终却没有自己的建树。究其原因，往往是因为没有进行聚焦。对于研究学者来说，专注于某领域内的某个方向去研究，才能深入，才可能取得专业成就。

当下，市场越来越精细，企业想要深耕，必然需要聚焦：聚焦于某个清晰的人群，聚焦于某个细分领域，聚焦于产品的某个特性。我研究过这个现象，过去，企业切入市场时用的是“刀”，受力面积大但深度不足；现在，企业想做好，必须用“锥”，锋利但不会卷刃。只有刺入市场，才会深入、持久。

什么是企业的“锥”呢？就产品来讲，是其中某个特性的长板；就企业而言，是某个精准的市场定位。我称其为“锐点”，企业要善于打磨自己的锐点，通过锐点形成差异化的竞争、强悍的战斗力。

《华为基本法》中有一段话：我们坚持压强原则，在成功的关键因素和选定的战略点上，以超过主要竞争对手的强度配置资源，要么不做，要做就极大地集中人力、物力和财力，实现重点突破——这就是华为的聚焦，亦被称为“针尖”战略，在成功的关键因素与核心战略点上，聚合所有力量，实现突破。任正非曾经以古代战事中的攻城为例，描述了聚焦的必要性。想攻克一座防卫森严的城池，不能耗费资源、四处开花，而是要集中强大的优势兵力，单点突破，打开缺口，这样才能顺利拿下整座城池。

持续成功的企业，大部分都是聚焦的。因为聚焦战略会给团队展现更明晰的目标、给企业带来更优化的资源，从而创造更好的发展机会。但是，聚焦的过程一定是一件痛苦的事，因为它关乎取舍。就像本文开始讲到的那位雕刻家，在舍弃中陷入矛盾和不安。自我革命与自我牺牲，是一种战略选择，只有保持定力，才能做出正确的选择。

6. 悖论中的真理

心要慢，手要快。

如果身处压力之下，在矛盾之中草率决策，其结果必定暗藏风险。所以，保持定力，保持内心的沉稳，才能做出明智的预判。然而时机稍纵即逝，一旦做了决定，就要动作敏捷，执行到位，全力以赴。心手相应的默契是需要修炼的。

守规矩，求创新。

规矩要求人按章行事，创新又要求人打破传统。制度、流程、标准化，是基本的规范。离开基本规范的创新是没有根基的。创新在于重新审视过去的事物，在这个基础上完善、提升或者颠覆。

不走捷径，却是捷径。

不投机取巧，不耍小聪明，发扬钉钉子精神，一锤一锤地敲，才能把钉子钉实、钉牢。扎扎实实打好基础，必然大有成效。效率的提升，质量的提高，终能使你在这种坚持中找到捷径、悟出真谛。

小事不小，大事不大。

把无数的小事做好了，就是大事；把平凡的事做好了，就是不平凡。遇到大事的时候，因为将平日里的小事都做好了所以心中有数，其结果定能如你所愿，都在你的预期之内。

7. 对待问题的态度

如果哪位老板敢说“我的企业没一点儿问题”，这个企业反而就会有风险。一个组织在运转，问题时时刻刻都存在。既有显性的问题，又有隐性的问题。忽视问题存在、过分自大的心理，会让企业遭遇危机。如果某个企业有太多问题，同样存在着风险，这说明问题没能得到及时处理，积累的问题终将使企业举步维艰。

企业的发展，其实就是不断发现问题、解决问题的过程。

以问题为导向，追溯问题产生的根源，拿出切实可行的解决方案，去改进实施，企业因此变得日趋完善。在朝着更好方向发展和提升的时候，新的问题还会出现，那么就需要继续解决问题。只要精神不滑坡，办法总比困难多。

PDCA（计划—执行—检查—处理）是管理学中的一个通用模型。检查就是发现问题的环节，处理则是解决问题。PDCA又称为质量环，是循环的，也就是说，需要不断地P—D—C—A。

一位新来的中层管理人员发现公司流程中存在一些问题，于是向老总汇报。老总说："你说的这些问题我非常清楚，那么你有什么解决方案吗?"管理人员无言以对，只好说我再想想。过了些日子，他仍然没有想出什么办法。于是他在一些场合向同事抱怨，说咱公司不能解决某问题，这会带来怎样的危害，等等。他作为一名管理者，把这种负面情绪传染给了更多的人。后来老总发现了，果断解聘他，并说了一句话："我聘你来是为了解决问题，而不是让你制造问题!"

一名优秀的管理者，不仅要善于发现问题，还应该思考解决问题的路径。我曾对一些企业的管理干部说过：你如果想获得老总的赞赏，那么汇报工作、反映问题的时候，心中一定要装着几套解决方案。不成熟不要紧，可以交流、商讨，关键是要有解决问题的态度。

8. 人才问题是最大的困扰

传统观点认为，老板和员工永远是对立的。前者希望以最小的成本换取员工的最大贡献；后者希望以最少的付出换取企业给予的最大利益。这种关系更像是一种交易。企业承诺使你的工作岗位更稳定，或者员工承诺的一直对企业保持忠诚，都是心照不宣的谎言。

事实上，在你没有犯错的前提下，企业仍然可以解雇你，一是你做得不够好；二是有更好的人可以替代你。而员工一边工作，一边寻找更好的机会，更高的薪水和更高的职位，一旦这种机会来临，他就会向老板挥手道别。

这样一想，老板就会惊出一身冷汗！为什么？因为这意味着，越是优秀的员工，企业越难留住，因为他跳槽的机会比别人的更多。而真正留下来与企业同甘共苦的，却是那些既无大志又无大智的平凡人。特别是中小企业，做得越大，企业老板越累。

找我来咨询的很多都是县域的中小企业，它们普遍面临着一个共性的问题，那就是令人头疼、令人焦虑的人才缺失。好的创意需要人来想，好的方案需要人来做，有了这些好想法还需要人把它们变成现实，而真正能够出色地完成这些任务的应该都是人才。

一些企业老总向我要人才，说郑锋老师您接触的人多，帮我们物色一位副总吧，还有的企业急需营销总监、产品经理、车间主管等，薪水给得不低，可还是找不到人。

人力资源市场的招聘求职会上总是人山人海，求职者络绎不绝。企业为何还缺人？其实，企业缺的是人才。我梳理了一下，企业尤其缺乏专业人才，比如科技创新人才、经营管理人才等。

我对“人才”的定义是：在某一领域具备丰富的专业知识和经验，同时具有自我驱动能力的人。换句话说，就是你有真本事，还想干事。

有一家企业，老板的业务能力特别强，他经常出差跑业务，可是公司里的事令他放心不下，因为没人能全盘统筹，家里缺个“好当家”。

分析原因，大致有三：一是全民创业的热情高涨，有点儿想法的年轻人都去创业当老板了。他们宁可自己企业少赚点儿，也不去打工，当高管拿年薪。二是县域人才流向了中等以上的城市，因为在大中型城市里发展空间更大，机会更多，特别是新科技、互联网等方面的人才。例如，一位做互联网技术的人，可能在小城市里根本找不到与其交流技术话题的人，也没有更好的实践机会。三是要从老板身上找原因，多数成功的中小企业都是创始人自己打拼出来的，即使找到了人，他们也不太敢放权，或者在工作中固执、一味坚持自己的观点，导致人才势能发挥受阻。

一家美容减肥连锁企业，四年发展了2000多家加盟店。这家公司的创始人认为核心团队建设的要义是“思想一致、文化认同”。“90后”“00后”的年轻人，单纯给他们钱，已经满足不了他们的要求。在人才管理方面，该公司采用了“造梦、造人、造场、造梯”的方式，并在这个基础上进行了细化。造梦就是为员工设定目标——让员工去加班，不如喊员工来赚钱；帮团队成员分析需要完成多少业绩就会在多长时间实现他们的某个具体的梦想，比如买一辆什么样的车。造人就是塑造身边的榜样——通过重奖第一名来激发团队成员的竞争意识。造场就是通过场景的设计，增强员工的荣誉感、存在感，比如年终大张旗鼓地去优秀员工家中送奖金。造梯就是为员工设立成长阶梯——当员工发展到一定程度时就会受限，为了解决这个问题，该公司设立了12级晋升机制，完全按照细化的考核标准进行，公司老板、主管对这个都没法干涉，使成长成为自然而然的事，员工只要努力就能达到。

在股权改造的实践中，中小企业也有一些成功的案例。有先进理念的一些公司早在几年前就对部分核心骨干成员实行了持股方式，这在县域的小微企业中还是很少有的。员工是企业的主人，已经不再是一句口号，而是一种行动。这对企业的健康成长大有益处。

我曾说过，对于人才，要么给他钱，要么给他爱，要么给他梦。它们对应的分别是薪资福利或股权、人文关怀、成长空间。人的问题比较复杂，要根据企业的不同情况开“处方”，才能奏效。我对企业的老板们讲，如果你把企业当成平台，那么应该将真正的人才视为合作伙伴。薪资、股权属于“硬”

的；尊重、信任、鼓励，契合他的梦想，属于“软”的。只有这样“软硬兼施”，人才才会“为你而来”。

9. 小老板要学学村主任

如果把大企业的老板比作市长，那么小企业的老板就是村主任。

一般来讲，小企业人员数量不多，人员的文化水平参差不齐，企业制度也不完善，更重要的是小企业在现实中形成了自己特有的“氛围”。我认为，治理小企业要把现代管理和土办法结合起来，接地气、能落地，才会奏效。

大家想一想，村主任都在忙什么呢？大事领头干，小事指挥着干，大喇叭把话讲，串门聊天儿，谁家有困难招呼大家帮个忙，谁家有矛盾就给调解说和，谁家违反了规矩，该骂的骂、该批的批。他们既像是老板，又像是家长。

小企业的老板得学学村主任，有那么一点儿“江湖气”。

一是敢作敢为有气魄；二是关心下属有温度；三是巧妙周旋有智慧；四是拿捏分寸有尺度。当小老板要做到八个字：恩威并重、亦张亦弛。小老板要和下属打成一片，没事和下属喝喝酒、聊聊人生，掏心窝子的话说一说。赶进度的时候就挑灯夜战，该放松的时候就彻底放松；该温和的时候温和，该凶悍的时候凶悍。这简单的八个字里面的人生哲学非常多，需要仔细琢磨。

当然，为了提高绩效也要适时引入一些先进的理念。这些新理念的引入，很可能会打破过去的“氛围”。这就要求先讲道理、再教方法，循序渐进，不可急躁。等到全面推进的时候，如果谁的工作还干不好、出了纰漏，那就要严惩了。

10. 赋能，不仅仅是激励和授权

一提到赋能，大家首先想到的就是“给钱”“给权”。这个观点究竟对不对呢？我们一起来了解一下什么是赋能。

大概从 2017 年开始，“赋能”这个词频频出现在企业家、管理学者的演讲中。到今天，关于赋能的文章、观点比比皆是，我相信围绕这一主题展开的实践也不胜枚举。

事实上，这并不是一个新潮的概念。20 世纪初期，美国波士顿的一位著名的女性管理学家玛丽·帕克·芙丽特，就提出了一系列观点，比如，专断的命令忽视了人类天性之中最基本的因素之一，那就是主宰自己生活的愿望，又如，命令来自事实和环境，而不是来自发布者的意志……她的一系列观点都在阐述：更好的成果来自管理者与下属的共同思考和努力，来自内在的动力。

如果说芙丽特是赋能思想的开创者，那么比她晚几十年的日本的稻盛和夫则是赋能的践行者。稻盛和夫一生创设了两家企业，这两家企业都进入了世界 500 强。这之中，阿米巴模式功不可没。阿米巴的核心是“量化分权”，正如他提出的口号：“让每个人都成为经营者。”

我国有家企业叫海底捞，海底捞的成功得益于它的神奇服务，而这无所不能的服务又来源于良好的授权机制。它的创始人张勇深知，餐饮业里最能及时感知消费者需求以及微妙心理变化的一定是最基层的员工，所以出现了为感冒的小孩送药、为过生日的顾客送蛋糕、为自己工作上的一点失误给顾客免单等一系列非标准化的服务案例。

谷歌的一位创始人拉里·佩奇说：未来组织中最重要的功能已经越来越清晰了，那就是赋能，而不再是管理或激励。

所谓的给钱、给权，其实就是激励、授权。这些能有效提升组织内成员的自驱动力，也就是说可以在一定程度上赋能，但我研究之后，认为赋能还有更多的内涵和发展空间。

从词义上看，赋能就是给予能力或能量。能力从何而来？能量从何而来？激励和授权可以作为一种驱动力，但这种驱动力仅仅解决了从被动做到主动做的心态问题。

能力包含一部分天赋，还有一部分是通过学习、培养而得的。同样，能量也是需要挖掘和激发的。赋能首先是把方向、控战略、建平台、造人才；其次才是给资源、给权力、给舞台。

通过战略和方向的把控，来管理组织的核心要素，避免出现较大风险。强化平台意识，通过机制建立明确的责权利。通过指导、培训、实践，着力提升团队的能力。赋能的这个“能量”，来自两个方面：一是激发个体或内部组织由内而外的能量，包括心态、行动、知识和技能，达到自我能量的峰值；二是整合、优化或者导入资源，聚合外部能量为我所用。

赋能的终极目标是让组织、团队或者个人能够自我驱动、自我提升、自我感知、自我行动，并与外界资源形成有效的互动，从而达到最优的效果。

11. 你是好人还是坏人

我先问你一个问题：你觉得自己是好人吗？估计所有的人都会举手。再问你一个问题：你为什么觉得自己是好人？答案林林总总，善良、热情、正直、勤劳、勇敢、大方……

再问你一个问题：你觉得自己是坏人吗？这时候就没人举手了。如果你非要指出对方是坏人，对方的反应是解释、辩驳，而且对方心里正在骂你："你才是坏人呢。"或许，遇到有暴力倾向的人，会立马动手打你。

事实上，人对自我的评价是最不准确的。人可以承认自己的一部分缺点，但是也会为这些所谓的缺点找到相应的借口，譬如，狡诈的人自以为自己充满智慧，凶狠的人自以为自己是勇敢的，霸道的人自以为自己是果断的，拈花惹草的人自以为自己是浪漫的，斤斤计较的人自以为自己是精打细算的……你可以当着某人的面谈及他的缺点，但是一定不要把他定性为“坏人”，没有人会接受这种定性。人对自己相貌的测评，也是一件不靠谱的事。一般而言，每个人对自身的评价都有自恋的倾向。人最爱的其实是自己，他怎么会认为自己是丑陋、自私、偏执的呢？

一个人见义勇为，获得了当地政府部门的表彰，各大媒体将其作为典型人物进行了宣传报道，后来，当他又遇到类似的事件时，仍然奋不顾身地做了好多次英雄。另一个人在单位偷窃财物被发现，单位对其进行了严肃处理并在全员大会上给予了通报批评，不久，他又因为打架被拘留。经过研究，我发现社会评价对于一个人的行为有强烈的心理暗示作用。也就是说，当大家普遍认为某某是某种人时，他就会朝着这个方向发展。前面说的那位英雄，在遇到类似事件时，社会评价“英雄”的内心引导起到了积极的作用，激发其荣誉感，所以他仍会义无反顾地做好事。而被处理和通报批评的那个人，则再次通过惹是生非来对抗上一次的社会评价使其内心留下的阴影。很长时间以后，结果是好人越来越好，坏人越来越坏。

在战场上，为什么“王牌军”“王牌师”战功显赫？哪怕换了将领仍屡战屡胜？那是因为这个团队的优秀基因在起作用。一个企业的领导者不仅应该是实际的管理者，更应该是这个组织的精神领袖，他的价值观、品格、处事方法对整个组织的价值取向、风气和行为的形成起着关键作用。“强将手下无弱兵”“兵熊熊一个、将熊熊一窝”就是说的这个道理。

对于员工，要善于发现他们的长处，以关怀和激励为主，明确地让员工知道，你期望他们成为什么样的人。对其形成正向的团队评价、组织评价，也包括家庭成员之间、亲友之间的社会好评，这样才会激发他为企业创造最大价值。

12. 创业管理的三个阶段

并不是所有的企业从创立之初就具备了宏大的理想、先进的理念和完善的制度，特别是从小作坊、个体商户发展起来的企业，在不同的阶段，要用不同的思维和方法来管理企业。

一般而言，草根创业者必然会经历三个阶段——销售为王、现金为王、产品为王。

刚开始的时候，一无品牌，二缺资金，各种制度不完善。客户来了，哪敢怠慢。现金结算的客户要做，有账期的客户也要做，在这个用户主导的市场里，你根本没有挑剔的权利。这里面有没有风险？当然有。但是租金要付、员工要养，设备却“吃不饱”，这一切都逼着你承担着风险去交易。这就是“销售为王”阶段的特点。

企业发展到一定程度，客户渐渐多了，收益日趋增加。当销量高于产能的时候，就进入了“现金为王”的阶段。在这个阶段，企业的主动权增加了。所谓的现金为王，是从中筛选可靠的大客户合作，保障资产安全，促进利润增长。

再往后进入“产品为王”的阶段。说是进入，其实是一种回归。因为企业要良性发展，最终一定是靠产品。这个时候，企业就精心研究产品，通过创新创造提升产品品质，以此促进品牌成长，吸引到更优质的客户。当企业做到非常强大的时候，企业的销售功能弱化，并向“服务型”职能转变。

当然，这只是说企业在不同阶段有不同的战略侧重点，并不意味着可以顾此失彼。

13. 取与舍的哲学

先讲一个小故事，一位做产品研发的许先生的团队在和一家企业合作的时候，签了一笔 100 万元的单子。这个项目值不值 100 万元？当然值。但是当初许先生心里默默设了一个底线——80 万元。在半年的合作当中，许先生团队如期完成了研发任务，但是由于合作的这家企业内部出了点问题，尾款 18 万元没能如期履行。

别人劝许先生起诉，许先生说："不必了。这次只是赚得少了点，但是毕竟也赚到人家的钱了。有时间纠缠这些事儿，不如把精力用到开拓新业务上。"即使出现了这种状况，许先生仍然坚持去合作的公司，把后续服务一点点做好。

后来，许先生就把这事抛在脑后了，投入新的业务中了。一年后，那家曾合作的企业老总，突然亲自给他送来 30 万元，并表达了歉意。许先生却坚持只留下18万元，他说："我心里已经放弃这笔钱了，你今天给我送来，等于是我白拿的。我得感谢您呢。"一时间，许先生之宽厚态度在业界被传为佳话。

赵传唱过一首歌《我是一只小小鸟》，我是一只小小小小鸟，想要飞呀飞，却飞也飞不高……

理想很丰满，现实很骨感，两者之间一定是有差距的。通常来讲，想法高于现实。早年我写过这样的句子——"灵魂站在高楼上俯视积水，而肉体在平地间感受艰辛"，就展现了这样一种情境。

事实、结果与你最初的想法、你的预期形成了差距，叫作落差。落差越大，内心越失落。这种落差会对心理造成压力与负面影响。

"自我效能"指个体对自己是否有能力完成某一行为所进行的推测与判断。而这种预判往往又是有偏差的，人们会过高估计自己的能力，会期待更好的结果，这在心理学中叫"自我效能误区"。

因此，面对结果的时候如何保持平和的心态，取决于你当初的预期。据此，我提出了"予之多算、取之少谋"的观点。这个观点既适用于社会生活，也适用于经营管理实践。

何为“予之多算、取之少谋”？给予、付出的方面，要多计划一点；获取、收益的方面，要少计划一点。

刚开始创业的年轻人，在投资一个新项目的时候，实际支出总是超出预算。万一后续资金无着落，是一件非常危险的事情，这就是因为投资计划有问题，没有切合实际，没有考虑到很多琐碎的支出。还有一种倾向是对业务收入过于乐观，预计的数据都是基于满负荷运转而推演来的，一旦开业运营，却发现不是那么回事。正确的预算应该是在最低业务量时，是否能够支撑正常的运转。所以，对投资和营收方面的谋划，应该基于“予之多算、取之少谋”的原理。

再比如，企业要聘用一位具有专业技能的关键人才，给予他的待遇要略微高出他个人的预期，或略高出同行业的平均水平。只有这样，才能激发他的能动性，增加他在岗的稳定性。

管理者带团队，要学会“推功揽过”。什么意思呢？意思是当有了成绩、功劳的时候，应该把功劳记到团队成员身上，表彰下属；当出现问题和失误的时候，要先在自己身上找原因，主动承担领导责任，甚至需要主动接受处罚。什么样的领导，带出什么样的兵。一支不争功、不推诿、主动担当的队伍，才能成就辉煌的事业。

回报少于付出是一种常态。我们在做一件事的时候，要用百分之百的努力去实施，但不要苛求百分之百的回报。换言之，我们想要百分之百的结果，必须倾尽全力，甚至付出百分之两百的努力。“努力到无能为力，拼搏到感动自己。”

“予之多算、取之少谋”，体现的是情商和格局，展现的是处世心态，这也是经验与素养所造就的眼光。

舍得，有舍才有得。舍名，换来的是潜心精研；舍利，换来的是声誉和信任。名利皆舍，换来的是清新雅致的人生，那是一种身体与精神都自由的人生，也将在某个时刻，把你带到一个新的高度，使你展开与众不同的另一种人生。

14. 有些常识需要重新思考

服务宗旨是让顾客满意？错！顾客花了钱，让顾客满意是理所当然的事情。如果顾客不满意，说明我们的产品或服务有问题。满意是基本要求，是分内的事。只有让顾客感动，他们才会传播好口碑，才会成为回头客。我常说——要让每一位顾客都成为回头客，让每一位回头客都成为“销售者”。所以，我们应该让顾客感动。

公司就是你的家？错！里德·霍夫曼在《联盟》中说：我们是一个团队，不是一个家庭。在真正的家庭中，父母不能开除他们的孩子。“我们很抱歉，苏茜，但你妈妈和我认为你不适合我们。我们不得不让你走了。但别误会，这就是家庭。”无法想象对吧？公司应该关心员工，创造归属感。但是归属感来自事业，来自对敬业者的尊重，以及不断发展带来的安全与稳定。所以，公司是公司，家是家。

对下属讲，按照我说的去做？错！好的公司，不是简单雇用员工的双手，而是雇用员工的大脑，这样才会历练出有创造力的团队。执行的前提是理解到位，做一件事前要先知晓它的来龙去脉，这样才会做得更好，否则将可能大打折扣。所以，你应该让下属知道为什么要这样做。

还有很多东西，看上去是常识，或者是习惯，大家以前都这样说、这样做。然而，当你仔细琢磨后，却发现我们一直是错的。在这个颠覆的时代，很多东西，需要重新思考、重新定义。

15. 活化的商业

有人说，在商业服务业工作过的人，看起来要比待在工厂车间里的人显得灵活。这就是不同工作模式和环境造成的差异。

我有个观点：工业是固化的，商业是活化的。什么意思呢？工业企业讲究人的现场定位，员工需要在生产流程中的某个点上进行重复性操作，才能确保质量与效率。而商业现场靠精致的商品陈列与合理动线引导顾客流动，同时导购人员去接待顾客时必须做随机的适用性调整，要“动起来”。

作为导购人员，你并不知道顾客下一句要问什么，也不知道他的目光将落在哪一款商品上。所以你的站位、朝向、语言、动作都会随着顾客的变化而变化。一位经验丰富的售卖人员，在对顾客的察言观色中，能够有效地预判顾客下一步的走向，甚至可以精确地洞察到顾客的需求，这就为成功销售埋下了伏笔。

商业现场的布局也是“活化”的。我们知道，卖场里商品的分区是既定的，但是顾客长期以来在同样的场景中购物，会产生视觉疲劳而失去新鲜感，体验度就会逐渐降低。那么，卖场就要在保持大布局不变的情况下，做一些改变，并力图通过这些改变来改善视觉效果。POP（卖点广告）不仅具有推荐商品或活动的作用，同时还兼具活化场景的作用（如吊牌、海报、贴纸、实物模型、旗帜等）。具有创意的堆头，也会给顾客带来新的场景体验。

还有就是关于客流的活化，当然这取决于卖场的动线设计。过去传统的方法通常采用泾渭分明的直线，其俯瞰图是“田字格”。而最新的卖场大都采用了曲线，类似于园林中的曲径，试图消除平庸的枯燥感，通过有效的导引来优化顾客的购物路径。

当然，商业活化的核心是客流，如何通过“企业品牌、商品、服务、环境、活动、体验”等一系列运作，把人们吸引进来，是对运营者最大的考验。

16. 顾客不满意，所有的理由都是借口

市场的两端，一端是供给方，一端是需求方。

我们常常提到一个词——“公平交易”，而事实上，在越来越趋向于用户主导的市场里，经营者与顾客的关系也越来越不平衡。顾客的可选项越多，对经营者形成的压力就越大，因为购买的决策权被牢牢握在顾客手里。

你觉得你的品牌很有名，你觉得你的产品很独特，顾客不乐意选择你的产品，你能怎么样？除非你的产品具有唯一性、垄断性，可这样的产品少之又少。

所以经营者们空前地重视顾客满意度。然而，顾客满意不满意，有一把尺子，而这把尺子在顾客的心里。高于这个标尺，超出顾客的预期，就会形成好的口碑；低于这个标尺，顾客心里会形成落差，从而带来负面评价。

标尺在谁那里，评价权就在谁那里。这看上去很不公平。

更糟糕的是，提供产品或者服务，往往会经过一个流程，其中任何一个细微的环节出了问题，都会成为消费体验环节的瑕疵，顾客却不能宽容和理解。因此，很多身处一线的销售或服务人员会觉得委屈。

所以企业管理者要求员工关注动态问题并及时解决，于是出现了以下这样的场景：

餐厅的上菜速度慢了些，服务员解释道："不好意思，有厨师休班了。"

商家的产品没能及时到货，客服解释道："抱歉，厂家没有及时发货。"

……

这些乍一听是很好的解释，但你仔细一想就会发现，其中存在很大的问题。

顾客花钱，购买的是什么？是"结果"。在传递这个结果的过程中出现了问题，上面的这些解释，实质上等于经营者在为自己开脱。

顾客会反问："你说这些，和我有什么关系？"

顾客不是来给你解决问题的，你把问题呈现给顾客，只会让购买的过程增加焦虑感。同时，一般而言，顾客都是苛刻的，所以，他们不会因为你讲的这些“其他原因”就真的原谅了你。

顾客的严格要求，甚至是吹毛求疵，反过来应该作用于经营管理者。只有在提供产品或服务的过程中，把一切细节做好，并充分预见可能出现的问题，才能最有效避免问题的发生。或者在偶尔出现问题的时候，表达歉意并明确给出解决方案和时间进度，必要时要给予顾客补偿。

不必再纠结于供需双方是不是公平。顾客不满意，你的所有理由都是借口。

17. 不妨来场头脑风暴

遇到问题冥思苦想而找不到答案时，不妨来一场头脑风暴。

头脑风暴，想必这个词创业者们并不陌生。可是，真正想得到好的成果，还是需要一些技巧的。那么如何组织一场有效的头脑风暴呢？

头脑风暴又称自由思考法，是由美国创造学家 A. F. 奥斯本提出来的一种激发思维的方法。按照他的说法，其激发原理主要有：联想反应、热情感染、竞争意识、个人欲望。

一家做快速消费品业务的企业邀请我参加企业内部的头脑风暴会。策划总监谈到一个思路时，总经理立刻打断了他的话，说："你这是跑偏了，怎么可以这样想?!"会后，我告诉这位总经理，这种所谓的头脑风暴是无效的，因为违背了头脑风暴的基本原则。头脑风暴的基本原则是充分假设、不设限制、自由发挥、不以个人权威影响讨论。

而一般性的会议讨论，下属在发言的时候，会猜想上司的想法，在表达的时候故意顺应上司，投其所好。可想而知，这样的讨论结果几乎就是领导意志的重申，不会有创新的东西出来。

我组织过很多场头脑风暴会，针对某一命题举办的跨界人士头脑风暴会的效果更佳。为什么呢？因为跨界人士脱离了主办者的行业经验束缚，思考维度更丰富，更容易碰撞出火花。

在组织命题和设定讨论方式时，大致有三种方法：一是围绕要解决的某一问题展开讨论；二是围绕一个基本方案的雏形进行讨论；三是围绕某一成型方案进行博弈式辩论。

头脑风暴的组织者需要一种开放、开明的心态。我对企业界的朋友讲过：要珍惜大家的胡思乱想，说不定就会发现这里面的奇思妙想！

18. 如何成为沟通高手

在职场上，每个人都希望被认同。然而，在现实工作环境中，在管理与被管理的博弈中，在人际关系协调中，往往会出现误解、偏差、矛盾等现象。而造成这些现象，很多时候是因为沟通出现了问题。

沟通无处不在。

沟通无处不在。它是同事与同事之间、个人与团队之间、管理者与员工之间、营销者与客户之间思想和信息传递的过程，它的关键点在于“交流”。这种交流是双向的、互动性的，而不是单向的传达信息。优秀的管理者一定是与团队成员沟通的高手，优秀的营销者一定是与客户沟通的高手。

与团队沟通：达成共识。

在对一个企业进行调研的时候，我发现，基层团队成员与领导层之间存在着信息屏障，即团队成员不了解公司的战略动向，领导不了解团队成员的成长需求。领导与团队成员之间“互不理解”，导致团队战斗力不足，绩效低下。

当一个组织明确了战略目标的时候，首先不是强硬地下达指标，而是要和承担任务的团队成员沟通目标，使成员了解制定目标的背景、数据支撑以及由此带来的个人收益，同时帮助成员推演战术路径。目标沟通的目的是最大限度地达成共识，让组织目标变成团队成员目标。当这个目标成为大家的共同目标时，就会形成自驱动力，从而有效地提升执行力，增加完成或超额完成目标的可能性。

与客户沟通：帮助他做出决定。

很多销售人员，急切地想把产品卖给客户，这种急于求成心理反而使沟通效果大打折扣。如果换一种思维角度，在产品自信的前提下，你想自己是在为客户提供更好的解决方案、更高的价值，沟通的形式便会发生变化。当然，这需要先做足功课，比如你要熟知自身产品的特性、竞争对手、市场情况等，做到胸有成竹。与客户沟通的时候，你要迅速洞察对方的需求，确认他的核心关注点，并以对应核心关注点的话语来打动客户。要知道，在你的客户做出决策之前，他的内心其实也是非常纠结的，此时的你是为了帮助他做出选择。

与同事沟通：营造良好氛围。

假如，你非常讨厌对桌的同事，上班时却不得不面对他，那将是一件多么郁闷的事情。我常讲，一个人的工作时段占用了人生的大部分时间，如果在压抑和郁闷中度过，那就是荒废生命。营造好的氛围，需要良好的心态，快乐都是自己寻找的！在与同事的相处中，要积极主动地沟通，消除个人偏见，多站在对方的角度去考虑，达成相互之间的理解。

在企业组织里，一项完整的工作往往是由很多人共同完成的，这就涉及流程与配合。有时候，某个部门的人员会抱怨另一个部门拖拉、不配合。这种情况，很多时候也是由于部门之间的沟通存在着问题所致。所以，做好部门之间的沟通，是提升整体绩效的必要手段。

沟通的技巧。

有的人不善言谈，我告诉他沟通是需要锻炼的，同时也是有技巧的。恰当的关切，专注的倾听，具有逻辑性的表达，能够提高沟通的有效性。在沟通交流中，肢体语言的合理运用，也会提升沟通效果，比如目光的对视体现出你的认真，微微点头表达你对其观点的赞许。沟通的目的，最重要的不是事件本身，而是思想、情绪、内心感知的统一，所以高明的领导谈工作的时候，往往从生活切入，比如询问家庭有什么困难、个人有什么心理波动等。

另外，需要根据不同情况，选择不同的沟通场景，可以是办公室，也可以是餐厅，或者咖啡馆，总之需要因人而异、因事而异。

19. 如何批量“复制”专业人员

一天，我和一家国企分管销售的副总交流，他表达了两种感受：一是累，很多业务必须亲自出马才能完成；二是气，在他看来很简单、只需半天就能解决的业务，下属却谈三四天都不见效果。最后，他总结了一句话，自己这么多年竟然没有培养出专业人才。

我观察到：一个组织里，通常就是这样的情形——极少数的精英，拽着一大群人往前走。这为数不多的精英，大都是管理者，甚至是老板、创始人。

精英们都在拼命地学习和思考，因为当下的变化快到令他们感到恐惧。他们所处的位置决定了其视野的高度和广度，他们能够将组织置于整个市场层面上来分析，从而能预见到危机、感知到压力。而下属，下属的下属，更多的是仅仅看到一个岗位、一个部门，因此忧患意识要少得多。

这样下来，时间一长，就出现了尴尬的现象：精英提升得越来越快、水平越来越高；而大部分人的进步却不明显。两者之间的差距，必然越来越大。差距大了，老板、管理者等精英们便又累又气，苦口婆心想把后进变为先进。

培养人呢？培养人是一个漫长的过程，这需要经验的传授，需要当事人不断地反思与总结，还需要其具有一定的悟性。只有这样，他们才会逐渐形成自己解决问题的思维和方法。然而在这个瞬息万变、快鱼吃慢鱼的时代，等你把人都培养出来，可能企业早就死掉了。

招聘人呢？招聘的时候，人力资源主管总是希望为公司招聘到文武双全甚至样样精通的全才，总是希望招到有思想、有创新能力的人。但这种倾向让招聘变得越来越难，文武双全、有思想、有创新能力的人一定是稀缺的。

我所了解到的某保险公司城市分公司，在当地有数百人的销售队伍，整体业绩非常可观。他们是如何培养出这么多销售精英的？事实上，这家公司总部对分公司的要求“不同寻常”：分公司不允许创新，只抓执行落地。在总部，聚集了一大批专业人士，他们负责有关营销战略和销售战术的创新，并将这些创新成果标准化，然后分发给全国各地的分公司。总部派老师到各地分公司去辅导，快速“复制”出大批的“销售精英”。

国内一些大型连锁机构也是采取“总部负责创意与创新、基层负责执行与落地”的方法。这样就解决了一个重要问题，招聘的标准降低了，人好招多了。不再需要招聘全才，只需要找到执行力强的人。这部分人，也许没有“最强大脑”，但是能够努力付出，并且有足够的韧性，能够坚持，这就 OK 了。

20. 你还差一块写字板

如果你留心观察，你会发现很多企业老板和高管的办公室里都放着一块写字板。我办公室里的写字板的利用率也非常高，每次有创业者过来，我们都会在写字板上写写画画，提高沟通效果。

前段时间，我和几位企业人士到浙江一家知名布艺家居企业调研学习。这家企业的老板热情款待了我们。次日下午，在我们即将离开的时候，他邀我们一行到他的办公室喝茶。喝茶时他开玩笑说："既然郑锋老师来了，不留下点儿东西，不能走!"我会心大笑，于是走到写字板前，和他们一起就消费路径、品牌传播等方面进行了一番交流、推演。我一直非常赞赏南方企业家的学习精神，他们不放过任何交流的机会。

那两天我们的日程很满，回到家我突然觉得有些疲惫。这个时候，我一般会选择独处。晚上，我自己到步行街的一家肉夹馍店里要了一份简餐。菜品很有味道，环境也不错，我正在独自享用的时候，遇到了这家店的老板。她之前涉足过很多行业，最近又开了这家快餐店。她在我对面坐下来，聊到了经营中的一些想法。我就给她讲了些如何改善用户体验的事情。讲的时候，为了便于理解，我拿了几个茶杯作为道具，向她讲解消费者与店家之间的逻辑关系。这些道具，临时代替了写字板，起到了“沙盘推演”的作用。

我之前的一本书《融合》里有这样一段话：“我的工作室里有块写字板，我们俩一边聊，一边在写字板上书写关键词，并通过连线表达各个词之间的关系，这样使我们的沟通更有效果。”

写字板的作用真的这么大吗？事实上，人的语言具有即时生成的特征，当语言表达涉及较多点位的复杂情况时，讲述者自身会发生混淆现象，而对方更可能出现理解上的偏差。如果有一块写字板，我们可以通过重点词的记录、各个事物之间的连线来清楚地表达观点，更加清晰地展现事物之间的逻辑关系。我称其为“板书推演”。

有人问：“那为什么不用 PPT（演示文稿）？”PPT 是事先准备的课件，具有单向性，也就是说更适用于讲课之类的场合，是一方向另一方的观念输出；而在交流讨论观点的时候，写字板则更好用。同时，写字板的使用相对简便，随机性强。

当然在有些场合，PPT 配合板书推演，也会有更好的效果。

思考是在人的脑海中形成的，存储于自我空间内。用更好的形式和方法把思考的结果呈现出来，或通过互动形成新的思考结果，提高自己在管理中的创新性和有效性，是每一位创业者都应该重视的技术。

21. 三分创意，七分执行

你永远无法叫醒一个装睡的人。为什么？因为他不配合。再好的创意，如果没有良好的执行，也不会产生好的结果。这就是为什么在现实中，很多管理大咖、策划大师，竟然救不活一个看上去问题并不复杂的小企业。

在前面文章中我们提到过“执行是对创意的完美诠释”这个观点。我们要把创意梳理成计划，确定方向、方法、方案，通过创造性的执行实现预期目标。但如何提升团队执行力，是摆在管理者面前的重要课题。实践证明执行力是可以训练出来的。既要有奖惩考核制度做保障，又要通过倡导行动落地的企业文化来强化信念，还要用学习培训等手段提升认知水平。如果责任心、行动力、创新力都提升了，便能确保成效斐然。

执行不力，一方面是因为执行者素质、能力和技术水平有限，另一方面是因为执行者对创意的理解不够准确。德鲁克在《卓有成效的管理者》一书中曾举过这样一个案例——记者问一位上尉："在战场混乱的情况下，你如何指挥你的下属?"上尉的回答是，当我的下属在丛林中遭遇敌人却不知道该怎么行动时，我也因为距离太远无法指挥他们。我的任务，只是训练他们知道在这种情形下应该如何行动，至于该怎么做，应由他们根据实际情况加以判断。

22. 认清自己的缺点

与我交流的创业者当中，有一位做电动车业务的朋友。他直言不讳：自己有很多好的想法，激情来了立马做方案、搞论证；可是事情一旦开始，他就交给下属去做，也不把事情放在心上。他给自己下的定论是“虎头蛇尾”。我听他的这段描述时，是带着欣赏的眼光的。说实话，一个人能看清并正视自己的缺点，说明他还是非常具有可塑性的。

而大多数人，其实看不到自己的缺点，或者不愿意承认自己有短板。这种性格的人，缺乏包容性，往往非常自负，对不同的意见怀有抵触情绪，排斥异见。人非圣贤，谁都会在某些方面存在不足。一个人能知道自己欠缺什么、不擅长什么，恰恰是成熟的表现。那些能够认识自己的人，才有修正的机会，才有成长的可能；才知道自己能做什么，不能做什么。

当然，从人性和心理学的角度上去看，人类的自我认知一直是一件复杂的事情。它既需要一种胸怀，也需要一种能力。克里希那穆提在《一生的学习》中写道，无知的人并不是没有学问的人，而是不明了自己的人。了解由自我认识而来，而自我认识，是一个人明白他自己的整个心理过程。因此，教育的真正意义是自我了解。

当我们保持内心平静，看到自己的不足时，才会有意识地去改变自己。尽管这种改变是非常困难的，因为人的性格、思维方式的形成，是基因、外界环境、成长空间等各种要素共同作用的结果。这需要一个充满正能量的你，与另一个懒惰、自私、刻薄的自我进行较量。但是我们相信，只要保持强大的内心，必然能产生强大的驱动力，从而使自己得以改变。哪怕是一点点的改变，都将使你在今后的人生中得到意想不到的收获。

23. 自我管理的十条准则

管理分为制度管理和自我管理。对员工而言，制度是外在的，自我管理是内在的。自我管理是通过个人的自制力，对自己的心理和行为进行有效调整，以达到最佳状态。我总结了自我管理的十条准则，它们看起来都非常简单，但是要全部做好很难。如果你能坚持把这些都做好，一定能收获一个全新的自我。

（1）尝试让自己喜欢这份工作，发现工作中的乐趣。

（2）保持工作场所的环境卫生，营造简洁清爽格调。

（3）注意个人仪容仪表，展现严谨大方的职业形象。

（4）处理好与同事的关系，创造团结和谐的工作氛围。

（5）真诚坦率，求真务实，把复杂的人际关系简单化。

（6）发生矛盾时，要先自我反思，再主动沟通消除误解。

（7）发扬专业精神，强化自我执行力，善于做好细节。

（8）渴求知识，热爱学习，提升综合素养。

（9）守法廉洁，不损公利己，不以权谋私。

（10）言行一致，表里如一，传播正能量。

24. 人均利润是关键指标

阿里巴巴、7-11 等公司人均创造利润多达 120 万元。与商业巨头相比，底层公司几乎就是在赚辛苦钱。

员工通常认为，自己辛辛苦苦工作是在替公司赚钱，大家觉得自己创造的价值大部分被老板拿走了。但细算起来，你就会发现事实和你想得完全不一样。一家电话营销公司的负责人给我看了一份内部表格，细算到每一位员工的薪资及其为公司创造的利润。当员工的月薪是 6000 元的时候，公司对应的利润是3000元。这样算来，按照每位员工的数据，员工年收入为7.2万元的时候，公司的剩余利润是3.6万元。另一家商业公司有员工300人，年度净利润为700万元，那么每个人为公司创造的净利润为2.3万元，而员工的年收入是3.3万元。

这正是底层企业的真实现状。这些企业的人均创造利润较低，按照一对一的换算方式，大部分利润被支付给了员工，少部分留在了公司。公司想发展并获得可观利润，必须大量增加人员。而增加人员公司又得支付招聘和培训费用，并承担业务收入不足导致的风险。除此之外，市场的风险、资金的风险、安全的风险……都压在老板一个人身上。

我们看到全国知名的大型公司，最近几年都在走轻资产的路线，因为它们有几样东西——品牌、模式、技术、平台、人才，且这些要素融合成了完整的体系。大公司以咨询、品牌输出、委托管理或者加盟的方式，与县域第三方公司开展合作，获得区域市场及丰厚的利润。

对照缺位要素，构建品牌，创新模式，优化技术，建设平台，打造专业人才团队，是从底层走向卓越的必选项，无法逾越。中小企业，任重而道远。

五
创业人生

创业是一种人生选择，
让生命释放别样的光芒

1. 企业的良知

企业是社会组织的一种，它有着自己的价值观，并通过品牌、产品、服务以及相关的社会活动，在受众心目中生成特有的形象，我们称之为“企业人格”。

人格是指个人的性格、气质、习惯所展现出来的综合特点，还包括道德品质。我们据此把身边的人区分为好人、坏人，聪颖的人、愚钝的人，善良的人、邪恶的人，等等。企业同样具有自己的是非标准以及行事风格，并由此在受众心中留下烙印。我们会为它们贴上标签：真诚、淳厚、可爱，或者虚伪、狡诈、可恶等。

我们没有理由质疑一个企业的盈利系统，因为没有盈利，企业就谈不上生存和发展，更不要说为社会做贡献了。我曾经看到过一个关于营销的定义：“满足顾客需要而使企业获益。”把满足顾客需要作为前置条件，把这点做好了，企业盈利便成为自然而然的结果。优秀的企业都有自己的哲学，企业家们不断探求企业组织存在的价值，探求如何更好地承担社会责任。

就像上面所言，满足用户需要是企业最基本的责任。除此以外，企业的责任还包括纳税、为社会创造就业岗位等。再延展开来，还包括用科技创新推动社会进步，用公益之举彰显企业品德，为员工提供学习成长的机会……多少年来，我们看到很多正能量都来自那些充满了使命感、责任感的企业。

然而，天使和恶魔之间只有一念之差。企业如果唯利是图，疯狂追求利益最大化，就会走火入魔，必然导致行为上的不择手段，以次充好、出售假冒伪劣产品、欺诈、不守诚信……因为企业是向社会输送产品或服务，一旦丧失了底线，危害便会显现。倘若其产品或服务关系到民生及人员生命健康安全，甚至可能产生无法预估的灾难。这一切的根源正是因为企业哲学出了问题。企业哲学出了问题，企业价值观就会扭曲，企业人格就会分裂。通俗地讲，就是企业病了。这病，得治!

有位做餐饮的老板常常对厨房的师傅强调:“做餐饮就是做良心。咱们做的菜，自己家人都能吃，才能卖给顾客。”

做人要有底线，做企业更要有良知。

2. 绝望的老板

几乎所有的创业者都有过类似的感受：绝望!

那是处于一种看不到未来又不得不顽强支撑的两难境地。苦苦思索，绞尽脑汁，在困惑中茫然前行。

我们常常看到少数成功者的辉煌，却忽视了大多数失败者的悲情。创业，绝不是电影里的“英雄本色”和“王者归来”，而是不断地遭遇意想不到的艰难险阻，不断地在绝望中苏醒，不断地在生死线上穿越，最终才可能获得成功。更令人伤心的是，即使你成功了，要想保持下去，你还将永无停息地继续战斗。

我们为什么常常看到成功的案例？因为媒体会聚焦于那些商界名人，并因此带来励志效应。而且，我们渴望成功的心态，与那些案例相对应。只有当我们细心翻看他们的历史足迹的时候，才能发现原来他们和现在的“草根”一样，是从苦难中一路走来的。

马云在创业初期屡次失败，阿里巴巴团队成员在从北京返回杭州前的最后一夜曾在小饭店喝酒、抱头痛哭。

乔布斯曾在斯坦福毕业典礼上演讲，他讲了三个故事：第一个串联生命中的点滴；第二个关于爱与失落；第三个关于死亡。乔布斯 30 岁的时候，被董事会从他一手创立的公司中赶走。你可以想象一下，那是一种怎样的绝望。“如果把每天当作生命里的最后一天来过，你一定能做出对的决定。”

从某个角度去看，大部分企业家其实是天生的。他们骄傲自负、武断偏执、特立独行，有极端的冒险精神，甚至异想天开！这些特质和行为在常人看来几乎是不可理喻的。人们表面上称他们为“工作狂”，背后或许会称他们是“疯子”。

绝望是一种无法言说的煎熬，没有强大的内心是很难冲破羁绊的。强烈的危机意识，促使创业者们不断地自我否定、自我纠偏、自我调整。

如果你想安逸，不要选择创业。创业路上，必定荆棘丛生，你必须用超常的坚韧砥砺前行。

3. 给初创者的忠告

有段时间，我研究家装方面的营销，于是选了一个新小区，去装修现场调研。其中有家的情况出人意料：三间卧室，其中一间面积最大的被设置成了工作间。我脑海中浮现出这样的景象：主人在餐厅和家人一起围坐着吃完饭，走进卧室逗孩子玩，然后转身进了隔壁的工作间；工作台上散放着各种资料，他坐在电脑前开始了他的工作。

在这里，住宅的功能被重新设定，成为居家与工作的混合场所。这类住宅的主人一般是年轻人，从事电商、设计、自媒体等对空间要求不高的工作，互联网的连接成为重要因素。

从空间利用、成本和便捷性方面来看，这是一种不错的创意。但是，我不太赞成这样的设计。虽然做了功能区分，但无法做出完整的区域界定，这无形中会降低生活的舒适度、工作的效率。和客户沟通重要业务的时候，隔壁卧室孩子哭闹了，你管不管？正在厨房做饭的时候，工作电话响了，你接不接？

工作需要一种正规、紧张的节奏，而生活需要一种放松、休闲的状态。这是两种截然不同的氛围与环境。

从中我们发现，越来越多的年轻人开始选择自由职业，越来越多的年轻人走在了创业的路上。

从线下实体店到网上商城，那么多人成为经营者、创业者。市场经济的推进，需求的丰富呈现，择业的多样化，对利益的直率追求，使创业成为一种美好的选择。在十几年前，很难想象今天的这种状态。那时候几乎所有的人都希望进入国有企业、机关事业单位工作。今天，这种主流从业观念已经开始悄悄地发生着变化。很多年轻人选择到自由的商业环境中去实践，并寻找机会开始自己的创业之旅。

自己创业的好处是显而易见的，没有单位里的诸多约束，能体现自己的经营思想，通过经营获取更多的收益，以及无限成长的可能。很多人在心里做过比较：在企业收入稳定，但是这个一眼就能看到头的数字和相对平稳的人生很容易使人颓废。在商海中就不同了，如果你有眼光、有积累，今年小打小闹，明年开大公司也是极有可能的事。当然，创业也意味着更多的付出与风险，更多的艰难思考和选择。据说在当代年轻人中，90%的人都有过自己创业的念头，但是其中只有5%的人去做了。不管这个数据是不是准确，如果你是这5%中的一员，就一定要加倍努力。

有一周时间，我一口气接待了五批青年创业者。他们中既有想做创业社群平台的，也有想做互联网产品的，还有想做跨境电商的，他们的年龄都在25～35岁。

每次我都会耐心地听他们阐释梦想，听他们叙述规划的路径。一位小伙子聊到产品未来的时候，充满激情，眼里放着光。看得出来，他们有思想、有创意，而且非常自信，这是我所赞赏的。然而当他们讲完的时候，我会给他们一些忠告。

第一，创业一定是充满艰难险阻的，对这一点必须要有足够的认识。第二，成功是苛刻的，它需要你不断地把事情做对，任何一个错误对初创者来说都可能是致命的。第三，你所假设的成功，不应是把好的事情都想到，反而是要把不利的情况全部想清楚，并且找到解决方案，这一点非常重要。

说这些不是让大家缩手缩脚，而是希望大家更审慎。创业本来就不是“正常人”做的事，因为要把不可能变成可能。创业是一条“不归路”，输了血本无归，赢了还得往前，只能一直在路上。

4. 创业先要想着如何活下去

我曾经突发奇想，如果成立一个失败者俱乐部，会有多少人参加？有多少人会承认自己已经失败或者曾经失败过？

某一天，我就把这个想法发到了社交媒体上。结果真没想到，很多朋友纷纷报名，有的则留言表达观点。其中，有条留言是：“敢于承认自己的失败，才算是真正的成功！”

在中国企业创业史上，有一位传奇人物，他就是自称为“著名失败者”的史玉柱。他 1989 年开始创业，以其营销天赋赚取了第一桶金；1992 年，创办珠海巨人高科技集团，次年资本过亿元。1994 年，巨人大厦动工，因资金链断裂几近破产，史玉柱背负 2.5 亿元债务成为“中国首穷”。面对巨大的压力，他对自己的失败进行了深度总结与反思。之后，他重出江湖，再次跻身成功者之列。他把巨人集团失败的原因总结为100多条，其中重要的几条是：投资的失误、资本结构不合理、管理不规范、企业文化流于形式化。

美国科技市场研究公司CB Insights通过分析101家科技创业公司的失败案例，总结出了创业公司失败的20大主要原因，主要包括融资烧完、团队虚弱、竞争力不足、定价与成本出现问题、缺乏商业模式等。

马云在演讲中多次说到，创业者要多研究失败的案例。他在湖畔大学讲道：我们希望大家多学一点儿别人怎么失败，别人怎么犯错误，别人在这些错误里面是怎么过的。

事实上，创业失败其实是个大概率的事情。财经作家吴晓波在书中写过，中国每天有1万家企业诞生，它们中的95%会在18个月里死掉。

创业者只有把失败案例研究透了，才能少走弯路，避免同样的错误发生，或者在遇到问题的时候能够找到解决的方法。给大家讲这些，就是希望大家在研究这些案例时，要思考："如果我遇到了类似的问题，应该怎样去做。"在创业中，千万不要以为"失败并不可怕"，因为有一些失败是致命的，并不是所有的人都可以像史玉柱那样东山再起，更多的人将面对穷尽一生也无法翻身的悲惨结局。

如果方向错了，停下来就是前进。预见失败，比预见成功更有价值。一般而言，大的错误必然是由很多小错误积累而成的，所以在创业路上需要不断进行自我检查、自我调整、自我修复，保持最佳状态，达到最佳效果。

5. 选准项目走好路

俗话说："男怕入错行，女怕嫁错郎。"选什么行业，做什么生意，创业者需要有一个整体的谋划。

也许有人会拍着胸脯说："我有能力，做什么行业都行。"错！你的自信令人羡慕，但是这份能力施展在对的行业可以得100分，换一个行业只能得60分，如果你不幸选择了一个糟糕的行业，也许会一败涂地。有一句话叫"人往顺处走"，选对发展方向是非常重要的。

说到选择行业，建议你从三个方面来考虑：个人背景、行业爱好和需求指向。

一是个人背景。

这里所说的个人背景是指创业者的身份、资金拥有量、社会关系等客观因素，它是一个人显性实力的体现。

如果你是一名专业人员，那么在自己擅长的领域做生意是具有极大优势的。比如你是一名眼科的专业人员，对视力保健及设备有较深入的研究，那你就可以选择开家眼镜店。如果你对电脑、手机有研究，你可以选择信息技术行业。专业优势在经营中会为你带来客户信任，这种信任的累加又会形成公司品牌与个人品牌相一致的影响力。国内的很多成功的企业家，都是企业品牌和个人品牌合一的，几乎无法分开。

做生意需要投资，而你的资金拥有量决定了你的投资力度，甚至是对风险的控制。这里所说的资金拥有量泛指个人或家族资产。足够的投资，可以让你在初创期一步到位。在以后的运营中，你的资金流转也不是问题。当你在摸索期遇到经营困难时，亏点钱也不至于倾家荡产。这是一种资产背景下的自信，便于你轻松地进行决策，明智地选择所要投入的行业。

社会关系分为先天关系和社交关系。先天关系是你的家族、亲戚，社交关系是你的朋友圈。这很重要，特别是对于刚起步的你来说。当你要投入商业中去成为一名生意人或者创业者时，你的一些社会关系会转化成资源。

二是行业爱好。

假如你的生意可以赚一些钱，但是你非常不喜欢这个行业，那将是一种怎样的感受呢？出于谋生是没有办法选择的，因为生活成了起码的诉求。而走出“生活”这个基本概念之外，你的生意应该是你的一种追求、一项事业。因为它不仅能让你赚到钱，还应该能为你带来快乐和成就感。当你决定要进入某个行业时，你要问自己一句：自己喜欢这个选择吗？出于种种外在的原因，假使你无法选择自己喜欢的行业，也一定不要选择自己讨厌的行业。喜欢，能够让你潜心研究它，并不断激发出你的创造力。你为之努力，精益求精地把它做好。

三是需求指向。

近年来有个词的使用频率很高，叫“供给侧结构性改革”。市场需要什么供给？客户需要什么产品或服务？如果你不能了解这些关键因素，那么你的商业梦想就会很难实现。市场需求指向才是你最后投资的决定因素。

聪明的人善于观察、分析，从市场的需要出发，得出准确的结论。高手总是思维超前、决策果断，在需求形成初期进入某个行业，迅速将公司打造成这个新兴行业的代表，这就是所谓的“天时”。在市场衰退的时候进入，往往会遭受惨败。当大家都抢着进入一个行业的时候，你反而需要谨慎，因为“蓝海”可能变成“红海”。同样，“地利”也需要超前的眼光，在预测到区域消费需求或新的商业圈即将形成的时候，以较低的成本提早占据某个有优势的商位，为今后的发展打下基础。研究需求，最好的方式就是做好深入、扎实的市场调研，多跑跑，多问问，多想想，想明白了再做定夺。

真正好的创业项目，最初总是不被人注意的，甚至被人误解。它们悄然孕育，悄然发芽，一旦时机成熟，便会迅速成长。

6. 老板都不敢生病

有一次，我和一位创业者谈新产品研发的事情，聊着聊着就到了吃饭的时间。他说：“不好意思郑锋老师，我答应中午和女儿一起吃饭，要不一块儿去吧，继续谈我们的工作。”我们一起从企业所在的乡镇返回城区。路上，他感叹道：“有时候我就在想，做这个企业值不值。公司事情太多，我根本没时间回家，我已经两个星期没见到女儿了。”他的老家在山东胶州，一家人随他在创业地定居。我记得听他说过上次回胶州老家的事。女儿嚷嚷着想看老家的海，他只好带着家人开着夜车赶路，凌晨才到达，在星空下带孩子到海边转了转。

另一位做农业项目的老总，从田间到车间，从企业服务场所到市场，每天马不停蹄。开会、协调、商务往来……日程满满。我看到他疲倦的面容，便劝导他要注意劳逸结合，甚至带他到健身房锻炼。后来，当多次走进他的企业之后，我才发现他确实挤不出时间去健身。

有一位老总60岁了，还在操持企业项目。他说了一句话：“我们这些人呐，连病都不敢生！”

男人创业尚且如此，女性创业的艰难更是可想而知：心理与生理的挑战，家人和外人的误解，承受压力的那些痛苦，无法言表。

别人可以悠闲地过周末，别人可以享受天伦之乐，别人可以有更多的自我空间；然而，他们不能，因为他们一直在创业的路上。如果创业者为小的成功而沾沾自喜、停步歇息，可能风险已如暗流涌动，说不定哪天自己就会被新人、新产品、新模式、新营销打败。很多时候，创业者们之所以仍在坚持，已经不单纯是钱的问题了。事业心、责任感，以及要保持成功所必需的不断颠覆、做到极致的创业秉性，驱使着他们披荆斩棘、继续前行。创业，其实是一种生活态度，更是一种区别于常人的人生选择。

7. 警惕成功陷阱

在创业路上，如果年轻的你第一步就取得了成功，引起了不小的轰动，别人都来恭喜你时，我却要拿一盆凉水直接浇在你头上。因为，过早的成功可能是一个陷阱！

网上有句名言叫“出名要趁早”。多少年来出了太多关于神童的故事，但是几乎都没了下文。北宋王安石有一篇著名的文章《伤仲永》，讲的也是这样一个故事。那些神童出了名后，大都变成了赚钱或扬名的工具，透支了天赋，疲于应酬，最终沦落成俗人。

我们身边有很多这样的案例。一些年轻的创业者，依靠某种机会获得了成功，要么挥金如土奢侈浪费，要么不听意见我行我素，最终落得兵败商场，甚至是沦落到凄惨的境地。因为在刚成功的时候，对性格、思维方式、处世态度的养成极为关键。

你如果过早就成功了，那更要静下心来，时常给自己提个醒，思考下一步如何走得更好。即使遇到了艰难险阻，也要努力逾越，并将这些历程变成经验，转化成一种创业技巧。马云如果早年成功了，到现在可能不过是个大点儿的翻译社的老板；如果周鸿祎早年做反病毒卡成功了，就没有现在的360了；如果2000年时QQ卖个好价钱，就没有今天马化腾的腾讯帝国了。

一次成功只能说明你的运气好，多次成功才能证明你的能力强。真正有能力的人，在不同的时期、不同的行业中、不同的平台上、不同的境遇下，始终能战旗猎猎飘扬。

8. 冲破舒适区

暴富纯属偶然，捷径没有根基。走得更远的人，身后一定留下了坚实的脚印。

过去，学会一些知识、掌握一种技能后，可以用上十几年，甚至是几十年。现在不同了，你翻山越岭刚拿到“宝典”，还没开始练，可能就被另一种“神功”废掉了。变化成为常态，颠覆接踵而来，所以，学习这件事儿，不能停。

这个世界充满了诱惑，让人无法安宁。如果此时你能够掌控自我，那么“专注”将给你带来无限可能。

贪念是病，得治。你要得太多太离谱儿，会因为得不到而失落。你不要那么多，所有点点滴滴的得到，都会给你带来满足感和快乐。想赚钱、想成功，天天想得要发疯，可是不想动脑筋，不想出力气，不想学习，不想被约束，不想熬夜加班，不想受一点儿气……那就赶紧回家洗洗睡吧。

成功永远只属于少数人。原因很简单，因为懒惰是天性，大多数人无法对抗这种与生俱来的东西，因而随波逐流、默默无闻。只有那些突破了惰性的人，才可能让命运发生改变。

懒惰，让人们本能地寻求最舒适的状态，按部就班、循规蹈矩，逃避风险和压力。然而，如果不愿意冲破舒适区，就不会变强大。

我在行业里徒有虚名，但我从没觉得自己比别人聪明，甚至在某些方面，我深深因自己的智商而担忧。我挤出所有空闲的时间阅读、写作，思考管理与营销的原理，但是读的书越多，越觉得恐慌，因为越发感觉到自己的无知。在企业策划实践中，我见到的创业家越来越多，这给我带来了更大的压力，因为我越发感觉到自己思维的局限性。因此，我只有更加勤奋努力，才能持续地完成自我提升。

我的睡眠时间很少，一般都会学习到深夜。睡前，我会偶尔刷刷朋友圈，却发现一个现象：那些在现实中比较成功的创业者或者优秀的团队，常常都是深夜不眠，要么在学习，要么在开会，要么在途中，要么在思考。

可以想象，他们的工作节奏是多么紧张。头脑风暴、战术推演、市场调研、客户洽谈、团队培训、研讨方案、筹划活动……不仅要有心智的付出，还要承载体力的煎熬。

保险公司的一位销售冠军，在团队内部分享会上讲道："不要单纯看我的成交数，要看我每天拜访了多少潜在客户。"如果同样是5%的成交率，你拜访10个人和拜访100个人，成果的差距就拉开了。

一家公司的老总，早年创业时，在小县城骑着摩托车跑业务加送货，一年跑了2.5万千米。另一位创业者为了赶回公司和重要客户谈判，独自一人整夜开车行驶了900多千米。后来他们都成功了，从当年他们的行动中，可以看到勤奋的力量。

大家想过没有，勤奋的背后是什么。是他们对梦想的执着，是对事业的热爱，是一种超乎寻常的坚持，是一种较真儿的精神。在勤奋与努力中，一点一滴的积累，日复一日的磨炼，终将使行者脱胎换骨、日渐强大。

最后借用网络上的两句话：一是世界上最可怕的是，比你优秀的人比你还努力！二是唯有行动能让不可能变成可能！

9. 战胜拖延症

拖延是一种普遍存在的现象，调查显示，大部分人都认为自己有拖延行为。由于个人自律能力差，严重的拖延症会给身心健康带来消极影响。在发生拖延行为之后，人们往往会出现强烈的负罪感和自我贬低倾向，甚至产生焦虑和抑郁，这些需要引起足够的警惕和重视。

早晨是马驰觉得最艰难的时刻。通常，他的手机闹钟会在三个时间响起，分别是 7：00、7：10 和 7：20。第一次铃声响起，他从被子里伸出手，迷迷糊糊地关了闹钟。直到第三次铃声响起，他才坐起身，脑子里一片空白，呆呆地坐上 10 分钟，然后才慌里慌张地起床、洗漱。

上周，他在商场买了一台果汁机，回家试用了一下，发现有质量问题。这家商场承诺小家电产品 7 日退换货。他每天都想着去退，但是直到第 7 天的晚上，他才匆匆地赶去把机器退掉。从那家商场走出来时，那里已经准备打烊了。

说实话，他的智商很高，但是做起事来拖拖拉拉，很多时候非要等到最后的时刻才会去做。因此，他被主管郑重警告过，家人和他谈过多次，而每次他都会找出一大堆的借口，比如，“我没想去做，要想做的话一定会做好”“我不喜欢现在的工作”，等等。

“明日复明日，明日何其多？我生待明日，万事成蹉跎。”其实，每个人或多或少都存在着拖延的习惯，严重的形成了“拖延症”。

每个人都有两个自我。一个是现实中的，一个是藏在内心深处的。当你屡次失败或者听到批评的时候，你在想：“我能行！”“我要改！”但是，当一切平静下来后，你又被另一个懒惰、焦虑、拖延、散漫的自己无情地击败。

经历了下决心—尝试矫正—纠结—失败这样一个过程，并且在失败后屡屡感到懊悔和不安，最后形成强烈的负罪感。这似乎已经成为一个循环，而且是不良的循环。假如这种循环继续下去，将成为一种可怕的习惯，使你未来的生活受到极大影响。

你需要用积极的方法去改变这一切。

（1）认知自我现状，坚信能改变。你必须承认自己的拖延行为，并全面了解拖延症给你带来的坏处，强化改变目前这种状态的信心和决心。

（2）用一项长期的运动提升行动力。例如，你可以从坚持每天跑步开始，磨炼自己的意志。强健的体魄有助于增强人的行动力，当每天跑步成为你的习惯以后，会在心理上形成一个好的引导和暗示。当然，游泳、打球等，都可以。

（3）自我监督与外在监督。你把自己即将做的某件事高调地告诉大家，一方面自我监督，另一方面邀请同事、朋友、家人对你的行动进行监督。遇到不良行为反复的时候及时预警，不断督促自己回到应有的状态和路径上，直到把事做完、做好。

（4）制订计划，自我鼓励。尝试着从细节开始改变，从小事做起，选择那些更容易成功的事情去做。制订详细的计划，并一丝不苟地去完成。做好整个阶段的日志，观察自己的改变，并为每一点细微的改变而自我激励。

（5）读励志类的书，结交有行动力的朋友，设定自己的榜样。多读一些激发行动力、增强斗志的书籍。结交那些行动力强的朋友，在身边找到自己可以学习的榜样，并逐渐在这种圈子里得到思想和行为的认同。

不要给自己寻找任何借口，不要给自己留任何余地，全力以赴去做，因为你是为自己而改变。请记住：行动才是最好的承诺！

10. 如何绝境翻身

我在《头条问答》上看到这样一个提问：“你人生弹尽粮绝还欠一大笔债的时候，是怎么翻身的?”

我认为未能翻身的人普遍存在以下特征：

（1）反正钱还不上了，只是想着如何躲避债务，丢掉包袱。

（2）面子作怪，害怕别人瞧不起自己，对自己的失败遮遮掩掩，不能正视现实。

（3）丧失勇气，一蹶不振，没有了“重头再来”的斗志。

（4）曾经赚过大钱，心浮，做什么事都预期过高。失败后不甘心做小生意，觉得一分一文、一点一滴地赚钱太慢。

（5）内心仍然停留在曾经辉煌的岁月里，沉迷于虚幻中，不能脚踏实地，吃不了苦，干什么都不成功。

（6）过去的成功造成了自负的性格，对别人的建议听不进去，一意孤行。

（7）缺乏对失败的深度反思、梳理，不能冷静地总结过去的教训。

（8）过去养成了奢侈、享乐的习惯，再次创业时仍然没有改变这个致命的习惯。

（9）存在投机取巧的思想，内心的“赌性”作怪，存有“天上掉馅饼”的幻想。

（10）在日新月异的创业环境下，不学习不思考，没能跟上时代的步伐。

而能够翻身的人也有以下共性：

（1）反正失败了、欠了债，不如冷静面对。

（2）总结失误与缺点，寻找机会，扎扎实实、勤勤恳恳地去做好每件事。

（3）因为曾经失败过，所以比别人更勤奋、更能吃苦、更努力。

刘欢的歌《从头再来》中有这样一句歌词："再苦再难也要坚强，只为那些期待眼神。"其实，更加励志的是"人穷无非讨饭，不死终会出头！"

11. 草根创业者十大特质

由于专业的关系，我调研过诸多小微企业，比如特色餐厅、食品加工厂、服装店、汽修厂、健身房、美容院等。通过多年来对他们进行的跟踪，我发现成功的小企业老板具备以下很多相似的特质。

（1）初始学历不高。也许正是因为如此，所以他们才没有受到过多的禁锢，比拥有高学历的人更加敢想敢干。

（2）善于后天学习。他们尽管学历不高，但是有着超常的学习能力。不是通过书本，而是通过与同行的交流、对生意的探讨，以及从实践中学习提高。

（3）高度自信和固执。一方面是个人自信，另一方面是对生意的自信。他们多会有固执或偏执的倾向，很多时候，他们甚至不太接受不同的见解。

（4）敢于冒险。特别是在创业初期，他们在直觉的引领下便果断投入，并没有进行深思熟虑。“也许当你确信有百分之百的把握时，已经失去了最好的商机！”

（5）抗压能力强。面对创业压力，他们尽管也会焦虑，但是总能找到释放压力的方式。遇到令人头疼的事，他们也能安然入睡。

（6）能坚持有韧性。他们能够坚持去做，日积月累逐渐向好，哪怕在逆境中也不放弃，总能找到解决的办法。

（7）亲力亲为。作为小微企业的老板，他们总是身体力行，什么事都管，财务、招聘、营销、产品……身处一线，容易发现问题，也能更快更好地解决问题。

（8）善用情感。在人员管理上，更多的不是用制度管理，而是采用情感管理法，他们同核心团队员工的关系“很铁”，这就保障了队伍的相对稳定。

（9）强迫症。他们不容许有任何闪失，发现了立即弥补。

（10）乐观心态。他们的心态很好，遇事总是往好处想。就像买彩票，他们会想：“也许下一个中奖的是我！”

不过，当一个小企业逐渐升级、规模扩大的时候，这里面的很多东西就要改变了，比如管理方式、人力资源等方面，这样才能逐步适应发展变化的需要。

12. 把赚钱当作顺便的事

看看你身边吧，人们都在刻意地追求荣誉、声望、物质财富，以及爱情，然而收获甚微。否则的话，遍地都是千万富翁，遍地都是名士才女，遍地都是完美婚姻。在现实世界中这怎么可能?!

刻意是指由意识主导的。而在巴黎高等商学院关于“直观智慧”的课程中这样说：“神经科学解释，灰质对我们潜意识的作用，比对有意识的作用更大。”80%的灰质作用于“潜意识”，只有20%作用于“有意识”。多么可惜，大多数人的可贵的潜意识在沉睡，没有发挥作用。

在工作中遇到难题，有时候会出现这样的情况，你苦苦思考、陷入焦虑当中，却找不到解决办法。当你把这件令你烦恼的事抛在脑后的时候，解决问题的答案却在某一个瞬间出现了。这就是潜意识在起作用。

如果让一位作家写一篇命题作文，也许他写出来的文章辞藻华丽，却不能打动人！而在深夜里，当他的灵感闪现的时候，挥洒出来的那些文字却给人直击心灵的饱满感受。这便是潜意识创作。

对于赚钱这件事，也需要学会激发和调动潜意识。你希望赚钱吗？但是请不要想着一夜暴富，“天上掉馅饼”的可能性极小。

如果你愿意观察和研究客户，当你把消费心理及轨迹摸清的时候，赚钱只是顺便的事；如果你喜欢琢磨产品，当你精益求精地把产品做到极致的时候，赚钱只是顺便的事；如果你在某一领域成为专业人士，在你享受成果给你带来的荣耀时，赚钱只是顺便的事；如果你积累了丰富的社会资源，并能够维护好巩固好，赚钱只是迟早的事；如果你的眼光足够超前，并能够耐得住寂寞，赚钱也是迟早的事。

13. 圈子决定你的人生

在我家附近的巷子里，有一家小商店。因为不是主街，店主便在门前摆了张方桌，到晚上闲来无事时邀请几位好友一起打牌。一二十年来，每次经过都是那几张熟悉的面孔。打牌的花样从过去的够级、升级，到现在的“打枪”，他们玩得很投入。人们甚至没有觉察到这几个人从黑发变成了白发。

有人说，八小时之外的行为决定你的人生。我就想，如果他们把这十几年的光阴用到某项事业上，也许能够做出点儿令人意想不到的成绩。然而，这就是个消遣的圈子，打牌可以打发时间，或者可以令人暂时忘记烦恼。

和他们同龄的一群人，中专毕业后一起做小生意，最早就是接些发单页、往电线杆上贴传单的工作，后来办了广告公司。经过一段时期的磨炼，大家都有所提高，就各自办起了自己的公司，涉足多个行业。他们经常聚会，不过从不煮酒论英雄，而是一起探讨经商之道。如今，这五六个人都已经成为当地的商界翘楚。

我有时候会参加达人汇的活动，武术、音乐、法务、文化、金融、企业等各界的顶尖人士聚在一起喝喝茶、聊聊天。你想想，这些人都是各行业的精英，聚在一起进行思想碰撞，一定能发生很多融合，我称之为化学反应。

与智者为伍，与强者同行，与善者相伴——这是一种人生选择。和智者在一起，启发心智，延展思想，让心灵照进更多的光芒；和强者在一起，激励自我，逼着自己走得更快，变得更强大；和善良的人在一起，润泽心念，感受生命的温暖。

物以类聚，耳濡目染，彼此影响。你的圈子决定你的人生。前提是你要清楚地知道，你想要什么样的人生。

14. 为创业者点赞

有人办公司，有人开小店，生意无大小，创业的路上，他们在风雨中一路向前。

在很多人眼里，作为创业者的你头顶光环。然而没有人知道，你承受了多大的压力，面临多少牵绊。

在很多人嘴里，作为创业者的你被称为老板。然而没有人知道，你天天来得最早，走得最晚，甚至彻夜不眠。

在很多人心里，作为创业者的你意味着拥有财富。然而没有人知道，为了保证员工薪资，为了新产品如期上线，你精打细算。

你没有自己的时间，没时间陪伴家人，没时间休闲锻炼，你甚至都不敢生病，因为有太多事等着你去决断。

你说“我好累”，因为创业举步维艰。你需要，不断在绝望中苏醒，不断穿越生死线。

大家看到了你的偏执，其实你是因为别无选择。大家看到了你的微笑，却看不到你内心的痛楚。

在这个社会中，总要有人迎接挑战，总要有人冲锋在前，总要有人敢于承担，总要有人给世界带来改变。

你站在这个舞台上演绎生命的精彩。创业者，人人为你点赞！

15. 遵从你的内心

有时候，我走上过街天桥，看着下边四面八方的车辆排成长龙，总想拍摄下这个镜头。令我印象最深刻的是清晨北京地铁站通道里如潮水般的人流，人们表情淡漠、行色匆匆。为了生存，或者为了梦想，他们奔赴在路上。

一位创业者告诉我，他希望找到最好的员工；一位打工者告诉我，他希望找到最好的老板。然而，把他俩连在一起，却未必有最好的结果。同理，最好的男人遇到了最好的女人，却不一定能牵手一生，因为，最好的未必是最适合的。

很多创业者选择创业，也许起初和钱有关，后来和梦想有关，再后来和责任有关。这就是很多身家数十亿元的大咖还未退休的原因。

因为人生本来就有太多的不如意，似乎每个人都承受压力，都有抱怨，都面临困扰、羁绊。因为人们始终觉得有很多事未完成、很多东西未得到，因此无法平静自己的内心。周国平先生曾经写过一篇关于“闲适”的文章：世上事大抵如此，永远未完成，而在未完成中，生活便正常地进行着。试想一下，如果所有的事都完成了，已经无事可做，还有什么意思。

什么是事业？坚持一贯去做的正当事就是事业。什么是好的事业？喜欢的事被做久了、做深了、做大了、做强了，便是好的事业。什么是人生？经历过、体验过、感受过、最终悟透并坦然接受的就是人生。什么是好的人生？通过不懈的努力变成了想要的样子，便是好的人生。

所以，你可以加倍努力、忘我地投入，为每天的一点点进步而感到欣喜；也可以悠然自得、闲庭信步，为身心的自由自在而感到欣慰。这一切由你决定，请遵从你内心的引领。

记住，你所做的一切，开心就好。

16. 看见自己的十年

十年是生命里的一段历程，复杂却又简单。

时光很神奇。它没有形状，没有色彩，没有味道，却一直随着日出日落昼夜更替，伴着春花秋月四季轮回。没有什么力量可以将它片刻挽留，谁也无法阻止它的脚步。

在讨论时光的时候，我们常常讲前和后。但是谁能告诉我，到底什么是前、什么是后。比如我们常常说的“向前看”，在时间概念上其实是向后看；《大约在冬季》中有句歌词是“前方的路虽然太凄迷”，其实是“今后的路虽然太凄迷”。

这个发现使我们更加迷惑。如果把生命的起点当作原点，我们本应该是由此开始行走的，那就意味着我们背对着最初的时光。那么，过去的就应该是“后”，未来的是“前”。我们常常讲的“后来”一定发生在“前方”。

智者说：何必纠结于此！有人是被时光推着走的，有人是追着时光走的。

我们身处于当下，觉得十年是非常漫长的，那将是生命旅程中未知的一段岁月。在安适中享受生活的时候，我们希望时光慢下来；在曲折与煎熬中，我们却希望这一段早早过去。然而，当我们回过头去看，发现十年是转瞬即逝的，它轻得像一片秋叶，飘落于水中时甚至看不到一丝涟漪。

“浮云一别后，流水十年间”，同样的维度，同样的十年，每个人的结局却有太多的不同。

十年 3650 多天，看上去是个很小的数字。若是将其拆成 87600 多个小时，或者 526 万分钟，这巨大的数字里面又会有多少喜怒哀乐？

经历了这样的十年，你就会看见自己的下一个十年。取舍于心智而非功利，相信自我认知而非他人评判。不管别人怎么说，都要做最好的自己：善良、从容。

在繁忙喧嚣的日子里，每个人都应该学会给自己留一点独处的时间和空间，虔诚地回忆一下十年前的自己，想象一下十年后的今天你会是什么样子。心若安好，便是晴天。

17. 今天只需努力成长

2019 年春节期间，从大年初三开始，我便陆续接待了 30 多位创业者和企业管理者，既有本地的，也有千里迢迢从外地赶来的。我每天晚上都会和他们聊到半夜才回家。

交流、碰撞、推演……脑海中无数的问号变成感叹号，又变成了省略号。在这个极速变化的时代，一群焦虑而迷惘的创业者在执着向前。我不是创业者，却感同身受，似乎能够读懂他们的内心。

因为脚步匆匆，因为专注于思考，所以我们常常忽略了生活中的很多事物。在一个晴朗的早上，我步行出门，却突然发现春天来了。

那些小小的新芽在枯枝中悄然萌发，不引人注目，又令人欢欣。这是生命的迹象，在季节轮回中坚强地成长。

创业和这种景象很相似。也许是为了实现梦想刚刚开始的艰辛旅程，也许是经历寒风肆虐与暴雪袭扰之后的重生。也许现在还很脆弱、很微小，但是只有今天努力成长，才能换来明天的尽情绽放。

有两句话值得深思：第一句是“幸福都是奋斗出来的”；第二句是“请不要假装很努力，因为结果不会陪你演戏”。

这一定是努力的最好的时候！

18. 让生命之花绽放

这些年，我去很多高校演讲过，也参加过它们的主题班会。每次走进校园，与这些年轻人近距离交流时，都让我颇有感触。那里处处洋溢着青春梦想，蕴含着满满的生机与活力。他们的眼睛里，充满对校园外未知世界探索的渴望。

是的，他们年轻。年轻便是风景，年轻便是资本。此时，他们的生命是向上生长的。然而，悲观地去看生命的轨迹，到了一定的时期，人人都将随着岁月的流逝渐渐衰老。而且，无论你拥有何种身份，曾经多么强大，拥有多少财富和多高威望，都终将枯朽。如此看来，活着的意义在哪里？

复旦名师陈果的一段视频在网上很火，大概意思是“衰老”这两个字不应该放在一起，“衰”是精神的沉沦，“老”是肉体的退化。有些人未老先衰，有些人老而不衰。“衰”是指由内而外的一种堕落。如果你的精神不断向上，即使你的肉体越来越老，你的精神也会越来越纯洁、越来越美丽。

回忆年轻时代，那时候，整个冬天都穿着薄薄的衣衫；那时候，熬一夜第二天仍可以精力充沛；那时候，大碗喝酒肆无忌惮。然而，岁月无情催人老，体力渐渐下降，斗志不再昂扬。可是，如果放弃抵抗，你将萎缩，你将沉沦，在怯懦无助中走下去。

现在的我，调研、读书、写作、讲学、健身……日程安排得满满当当。我觉得很充实，很有意义，也觉得很开心。因为，我在做自己喜欢的事。当一个人充满能量的时候，就会释放温暖。

既然肌体不可逆转地变老，那么唯一可以改变的是你的精神。精神的奋起，表现在你对生活保持的热爱上、对事物的执着追求上，以及你的积极向上的思想上。而这一切，都源于你的心念。这心念是曾经沧海桑田后的从容，悲欢离合后的淡定，以及对生命衰老的抗争。

当精神的花朵一次次绽放的时候，你会发现，一切都是那么快乐、那么晴朗。

拥抱自己，会听到自己的心跳声。真的！